Taiscéal

Gaeilge don Idirbhliain

Emma Ní Nualláin

Oisín Mac Cinnéide

CJ Fallon
ESTABLISHED 1895

Foilsithe ag
CJ Fallon
Bloc B – Urlár na Talún
Campas Oifige Ghleann na Life
Baile Átha Cliath 22

ISBN: 978-0-7144-2691-4

An Chéad Eagrán Feabhra 2019
An tEagrán seo Aibreán 2021

Buíochais

Gabhaimid buíochas leo seo a leanas, a thug cead dúinn ábhar dá gcuid a úsáid sa leabhar seo.

'Tír na nÓg' le Colm Mac Séalaigh agus Na Firéin. Focail/Liricí le Colm Mac Séalaigh agus curfá deireanach le Gearóid Ó Murchú. Caoinchead tugtha ó Gael Linn (www.gael-linn.ie) agus Colm Mac Séalaigh na liricí a chur i gcló.

Úsáid grianghraf agus lógó den United Irish Cultural Center tugtha le caoinchead ón United Irish Cultural Center i San Francisco.

'Grace' cumtha agus sríofa ag Frank agus Seán O'Meara, foilsithe ag ASDEE MUSIC. Curtha i gcló le caoinchead.

Máistircheart agus ceart foilsiú de leagan Seo Linn de 'Ar Scáth A Chéile', tugtha le caoinchead ó Bardis Music Co. Ltd.

Ceart foilsiú de leagan Seo Linn de 'Mo Ghile Mear', tugtha le caoinchead ó Bardis Music Co. Ltd.

I gcás chorrcheann de na sleachta seo istigh níor éirigh linn foinse an chóipchirt a aimsiú. Beidh áthas orainn na gnáthshocraithe a dhéanamh ina dtaobh siúd ach an t-eolas cuí a chur in iúl duinn.

Nóta Buíochais ó na hÚdair

Ba mhaith linn ár mbuíochas a ghabháil lenár dteaghlaigh agus ár gcairde as an tacaíocht, an chomhairle agus an chabhair ar fad a thug siad dúinn agus muid ag tabhairt faoi *Taiscéal* a scríobh.

Táimid buíoch lenár bhfoirne agus daltaí scoile a bhain triail as roinnt den ábhar seo dúinn agus a roinn a gcuid moltaí linn thar próiseas na scríbhneoireachta.

Gabhaimid buíochas freisin do CJ Fallon agus do fhoireann eagarthóireachta an leabhair, go háirithe Cora Mannion agus Fintan Lane.

Ba mhór dúinn an tacaíocht ar fad!

Emma Ní Nualláin agus Oisín Mac Cinnéide

Clár

Réamhrá

A chairde,

Fáilte romhaibh chuig *Taiscéal!*

Cuireadh síolta choincheap an leabhair seo nuair a chuamar beirt ag taisteal le haghaidh bliana. Thosaíomar blag Gaeilge chun tuairiscí gairide a scríobh faoi na háiteanna éagsúla ina rabhamar, agus shíleamar go mbeadh roinnt den eolas sin ina ábhar spéise daoibh san Idirbhliain.

Creidimid gur bliain ríthábhachtach í an Idirbhliain i saol an dalta; rachaidh sibh ar go leor turas, glacfaidh sibh páirt in imeachtaí éagsúla, agus beidh go leor eispéiris nua agaibh. Bhí fonn orainn an taithí sin ar fad a nascadh le leabhar a bheadh suimiúil agus tairbheach daoibh – leabhar inar féidir libh bhur n-eispéiris féin a thaifead agus sibh amuigh ag taiscéalaíocht i rith na bliana!

Tá sé mar aidhm againn go mbeidh an leabhar saothair seo, *Taiscéal*, mar acmhainn reatha, spéisiúil agus spraíúil daoibh san Idirbhliain.

Cuireann an leabhar béim ar an nGaeilge mar theanga bheo, ní ábhar scoile amháin, agus déanfaidh sibh forbairt ar bhur gcuid scileanna teanga trí cheachtanna taitneamhacha, tairbheacha a dhéanamh, agus an Ghaeilge a fheiceáil sa ghnáthshaol in bhur dtimpeallacht.

Táimid ag súil go gcuirfidh an leabhar seo an Ghaeilge chun cinn i slí dhearfach, dhifriúil daoibh san Idirbhliain agus go mbainfidh sibh sult as an bpróiseas foghlamtha i mbliana.

Ádh mór,

Emma Ní Nualláin agus Oisín Mac Cinnéide

AONAD 1

An Eoraip

Ábhar Clúdaithe

(lgh 2–28)

Tíortha, Teangacha, Laethanta Saoire, Taisteal

- *Réamhrá:* Léarscáil an Domhain
- *Léamhthuiscint:* Ag Taisteal
- *Gramadach:* An Aidiacht Shealbhach agus an tUrú
- *Cluastuiscint:* Laethanta Saoire
- *Foclóir:* Tíortha an Domhain
- *Tionchar na Gaeilge:* An Ghaeilge Mórthimpeall Orainn
- *Léamhthuiscint:* Páirceanna Tenerife

- *Scríobh:* Tuairimí agus Taighde
- *Dúshlán:* Comórtas na mBriathra
- *Gramadach:* An Aimsir Chaite
- *Comhrá:* Ag Taisteal
- *Blag:* Orla Ní Dhuinn
- *Blag:* Mo Chuid Laethanta Saoire
- *Sraith Pictiúr:* Laethanta Saoire
- *Cluiche:* Catagóirí

An raibh a fhios agat …?

◆ Tá 44 tír san Eoraip agus tá 24 teanga oifigiúil labhartha ar an mór-roinn.

◆ Is é an dara mór-roinn is mó ó thaobh tíortha de tar éis na hAfraice, a bhfuil 54 tír inti.

◆ Tá cónaí ar os cionn 741 milliún duine san Eoraip.

◆ Úsáidtear 28 saghas airgeadra éagsúla san Eoraip. Tá an euro mar airgeadra ag 19 tír.

◆ Is í an Vatacáin an tír is lú san Eoraip agus is í an Rúis an tír is mó atá inti.

1.1 Réamhrá: Léarscáil an Domhain

(a) Tá 195 tír ar domhan! Féach ar an léarscáil ar an leathanach trasna.

1. Cé mhéad tír ar thug tú cuairt orthu? _Amháin_

2. Ainmnigh na tíortha ina raibh tú! _Éire_

3. Cuir X ar na tíortha ar mhaith leat cuairt a tabhairt orthu sa todhchaí (ar leathanch 3).

(b) Dúshlán Meaitseála: meaitseáil na tíortha seo leis an gcur síos.

1. An tír leis an daonra is mó ar domhan.	**A.** An Nua Shéalainn
2. Tír dúchais an phíotsa.	**B.** Neipeal
3. Tír ina labhraítear Spáinnis.	**C.** An Iodáil
4. An tír is mó ar domhan.	**D.** An Fhrainc
5. An tír as a dtagann na 'All Blacks'.	**E.** Meicsiceo
6. An tír ina bhfuil Sliabh Everest.	**F.** An Rúis
7. Tír a bhfuil Páras mar phríomhchathair.	**G.** Stáit Aontaithe Mheiriceá
8. An tír as a dtagann Barack Obama.	**H.** An tSín

1	2	3	4	5	6	7	8
H	C	E	F	A	B	D	G

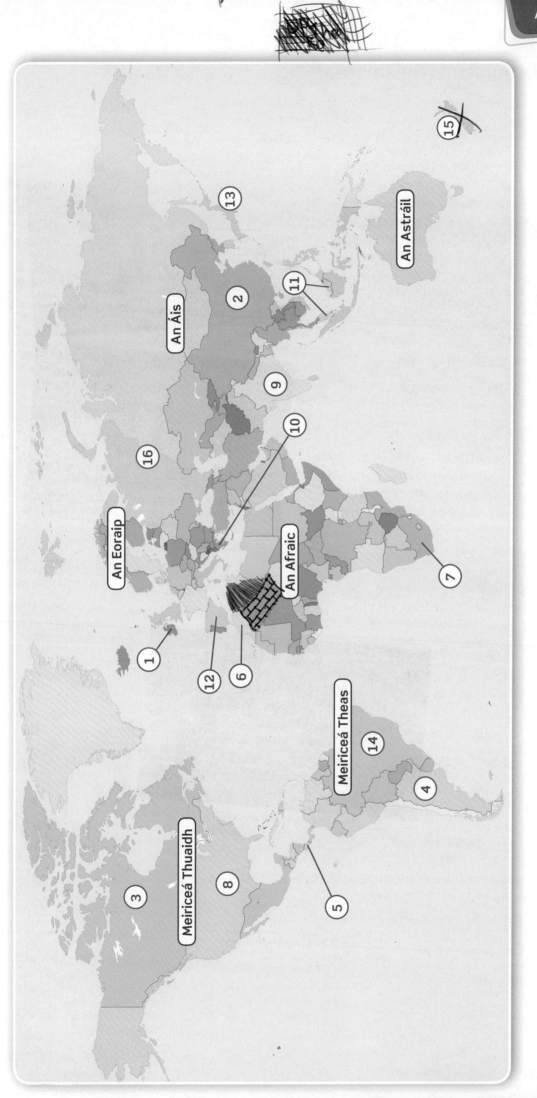

1	Éire	5	Cósta Ríca	9	An India	13	An tSeapáin
2	An tSín	6	Maracó	10	An Ghréig	14	An Bhrasaíl
3	Ceanada	7	Afraic Theas	11	An Mhalaeisia	15	An Nua Shéalainn
4	An Airgintín	8	Meiriceá	12	An Spáinn	16	An Rúis

1.2 Léamhthuiscint: Ag Taisteal

Is tír bheag í Éire ar chósta na hEorpa agus tá ár nósanna agus ár gcultúr féin againn, cosúil le ceol agus damhsa Gaelach, agus ár gcluichí náisiúnta sa Chumann Lúthchleas Gael. Sa tslí seo, tá gach tír eile ar domhan mar an gcéanna agus a gcuid nósanna féin acu. Nuair a théann tú ag taisteal, bíonn deis agat nósanna agus cultúr tíortha eile a fheiceáil agus a bhrath. Bíonn sé deacair uaireanta an baile agus do chlann a fhágáil le háit nua a fheiceáil ach is fiú i gcónaí an t-eispéireas. Níl aon dá thír mar an gcéanna agus is féidir rud nua a fhoghlaim ó gach aon tír ar domhan. Tá go leor féidearthachtaí agus cúiseanna ann le cuairt a thabhairt ar áiteanna nua. Tá an-chuid buntáistí ag baint le dul ag taisteal thar lear agus seo iad roinnt díobh:

- Bíonn deis agat bualadh le daoine nua.
- Bíonn deis agat teangacha nua a úsáid agus a thriail.
- Is minic a thagann tú ar shlite nua agus níos fearr le rudaí a dhéanamh cosúil le córas iompair srl …
- Nuair a thugann tú cuairt ar thír nua foghlaimíonn tú faoi chultúr agus stair na háite.
- Is féidir bia dúchasach nua a thriail.

Cé go ndeirtear gur domhan beag é, ní sin mar atá in aon chor. Tá 195 tír ar domhan agus is fiú cuairt a thabhairt ar an líon is mó agus is féidir leat i rith do shaoil.

(a) Nósanna

An féidir leat smaoineamh ar nósanna i dtíortha eile atá an-difriúil ó na nósanna atá againn in Éirinn? Déan liosta anseo.

_____

_____

_____

(b) Fíor nó Bréagach?

Ráiteas	Fíor ✔	Bréagach ✗
1. Tá Éire suite in iarthar na hEorpa.	✓	
2. Tá na nósanna céanna ag gach tír ar domhan.		✓
3. Tá ceol agus damhsa Gaelach tábhachtach dúinn in Éirinn.		✓
4. Tá sé deacair bualadh le daoine nua ag taisteal.	✓	
5. Labhraítear an teanga chéanna i ngach tír.		✓
6. Tá céad is nócha cúig tír ar domhan.		

(c) Dúshlán Meaitseála: meaitseáil an focal leis an mbrí.

1. Uachtar gréine		A. Taithí/Deis faoi leith.
2. Buiséad		B. Eachtraí spraíúla.
3. Eispéireas		C. Daoine a bhfuil cónaí orthu in áit.
4. Gníomhaíochtaí		D. An saghas airgid a úsáideann tír.
5. Airgeadra		E. Cuireann tú ar do chraiceann ar lá te é.
6. Treoraí		F. An méid airgid atá le caitheamh agat.
7. Muintir na háite		G. Bíonn siad ag daoine i ngach ceantar ar domhan.
8. Nósanna áitiúla		H. Duine a thaispeánann áiteanna nua duit.
9. Taighde taistil		I. Áit gur féidir féachaint ar an timpeallacht fút.
10. Radharcphointe		J. Cosúil le foraois/coill.
11. Dufair		K. Ag lorg na slite is fearr le dul ag taisteal.

1	2	3	4	5	6	7	8	9	10	11
E										

1.3 Gramadach: An Aidiacht Shealbhach agus an tUrú

An duine	Focail a thosaíonn le consan	Focail a thosaíonn le guta
Mo (*my*)	Mo + séimhiú: mo **ch**ara	M': **M'**athair
Do (*your*)	Do + séimhiú: do **mh**áthair	D': **D'**aintín
A (*his*)	A + séimhiú: a **dh**eartháir	(no change!) A uncail
A (*her*)	(no change!) a deirfiúr	A + h: A **h**iasc
Ár (*our*)	Ár + urú: ár **g**cistin	Ár + n-: Ár **n**-úll
Bhur (*your, plural*)	Bhur + urú: bhur **d**teach	Bhur + n-: Bhur **n**-oifig
A (*their*)	A + urú: a **n**gairdín	A + n-: A **n**-éan

Litir a Thógann Urú

Litir	Urú	Sampla
B	m	ár **m**bord
C	g	bhur **g**cóta
D	n	a **n**doras
F	bh	ár **bh**fuinneog
G	n	bhur **n**geata
P	b	ár **b**príomhoide
T	d	a **d**teach

Nóta: Níl urú ag aon litir eile. Fanann siad mar atá siad.
Mar shampla: *their dog* = a madra.

(a) Líon isteach an ghreille seo anois.

	Doras	Arán	Cupán	Aintín	Leabhair	Urlár
Mo	mo dhoras	M'orán	chupán	m'áintín	leabhair	M'urlár
Do	Do dhoros	d'arán	chupán	d'aintín	leabhair	d'urlár
A (*his*)	A dhoras	A arán	chupán	a aintín	leabhar	urlár
A (*her*)	A doras	A horán	cupán	a háintín	leabhar	hurlor
Ár	Ár ndoras	Ár narán	gcupán	n-áintín	leabhair	n-urlár
Bhur	Bhur ndoras	Bhur n-arán	gcupán	n-áintín	leabhar	n-urlar
A (*their*)	A ndoras	A n-árán	a gcupán	n-áintín	leabhair	-urlár

(b) Cuir Gaeilge ar na focail seo.

1. My sister _Mo dheirfúir_
2. Her father _A hathair_
3. His father _A othair_
4. Our dog _Ár madra_
5. Your (plural) cat _bhur gchat_
6. Their house _a dteoch_
7. Your coat _do chóta_
8. Her apple _a húll_
9. My orange _M'oraiste_
10. Their table _a mbord_
11. Our family _Ór gclann_
12. His bird _A éan_
13. Their fish _a n-iasc_
14. Your (plural) breakfast _bhur mbreacfásta_
15. Your bread _d'arán_

(c) Ceartaigh na habairtí seo, más gá.

1. Bhí sí ag caint lena (dearbháir) _dearthair_ inné.
2. Ar chuir sibh glaoch ar bhur (bainisteoir) _mbainisteóir_ ?
3. Bhí (mo: uncail) _M'uncail_ tinn aréir.
4. D'fhéach sí ar a (uaireadóir) _huaireadóir_ .
5. Bhí brón orthu mar chaill siad a (cluiche) _gcluiche_ .
6. Chuaigh do (cara) _chara_ abhaile go luath.
7. Shuigh siad ina (gairdín) _ngairdín_ ag an deireadh seachtaine.
8. Rinne mé mo (obair bhaile) _M'obair bhaile_ ar maidin.
9. Ar chaill tú (do: fón póca) _fhón póca_ ?
10. Bhriseamar ár (cnámha) _gcnámha_ i rith an chluiche.

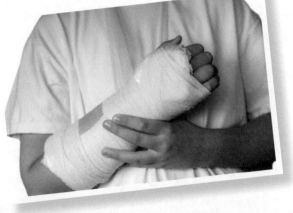

1.4 Cluastuiscint: Laethanta Saoire

Léigh na ceisteanna seo thíos. Cloisfidh tú gach giota faoi dhó.

CUID A – FÓGRA

1. *when* Cathain a bheidh Raidió FM ag bronnadh na duaise?

_____

2. *where* Cén áit a mbeidh an tsaoire?

_____

3. Cad é uimhir ghutháin Raidió FM?

_____

 /6

CUID B – COMHRÁ

An Chéad Mhír

1. Céard a bhí ar siúl ag Seán le bliain anuas?

_____

2. Cé a bhí ag taisteal le Seán?

_____

3. Cá bhfuil cónaí ar dheartháir Sheáin?

_____

An Dara Mír

1. Luaigh cúis **amháin** ar thaitin an Airgintín le Seán.

_____

2. Tabhair **dhá** chúis nach féidir le Máire dul ar saoire faoi láthair?

(a) _____

(b) _____

 /12

CUID C – PÍOSA CAINTE

1. Cá bhfuil cónaí ar Chiarán?

_____

2. Cén fhad ar thóg sé ar Cassie de Pecol taisteal timpeall an domhain?

_____

3. Cad a tabharfaidh *HostelWorld* do Chiarán?

_____

 /6

Cluastuiscint: Na hIomláin	
Cuid A – Fógra	/6
Cuid B – Comhrá	/12
Cuid C – Píosa Cainte	/6
Iomlán	/24

1.5 Foclóir: Tíortha an Domhain

Líon an ghreille seo thíos; déan taighde ar an idirlíon más gá.

Tír	Mór-Roinn	Teanga	Na Daoine	Brat
Éire	An Eoraip	Gaeilge/Béarla	Na hÉireannaigh	
An tSín	An Áis	Mandairínis	Na Sínigh	
Ceanada	Meiriceá Thuaidh	Béarla/Fraincis	Na Ceanadaigh	
An Airgintín	Meiriceá Theas	Spáinnis	Na hAirgintínigh	
An Astráil	An Astráil	Béarla	Na hAstrálaigh	
Maracó	An Afraic	Araibis	Na Maracaigh	
An Fhrainc	An Eoraip		Na Francaigh	
Meiriceá	Meiriceá Theas	Béarla		
An Iodáil	An Eoraip	Iodáilis	Na hIodálaigh	
An Ghréig	An Eoraip		Na Gréagaigh	
An Spáinn	An Eoraip			
			Na Sasanaigh	
		Seapáinis		
An Bhrasaíl	Meiriceá Theas		Na Brasaíligh	
An Nua Shéalainn	An Astráil			
			Na Céiniaigh	

1.6 Tionchar na Gaeilge: An Ghaeilge Mórthimpeall Orainn

An raibh a fhios agat …?

- Tá an Ghaeilge ar cheann de na teangacha is sine ar domhan. Deirtear go bhfuil sí níos mó ná 2,500 bliain ar an bhfód.

- Ba é 'bóthar' an chéad fhocal Gaeilge a raibh taifead déanta air, agus b'fheirmeoirí a bhain úsáid as. Má bhristear an focal ina dhá leath, faightear 'bó' agus 'thar'; sin an bhrí a bhí ag an bhfocal – talamh a mbíodh bó ag siúl thairis!

- Tá Cumainn Ghaelacha suite i roinnt cathracha móra timpeall an domhain, mar shampla tá ceann i Nua Eabhrac, San Francisco, Sydney, Melbourne agus Londain. Tá Ceantar Gaeltachta ar fáil in Ontario i gCeanada fiú amháin!

- Anuas air sin, tarlaíonn *Pop Up Gaeltacht* i gcathracha éagsúla ar fud an domhain gach mí, ó Bhaile Átha Cliath go Dubai go Singapore! Bailíonn daoine le chéile ag na hócáidí seo chun an Ghaeilge a labhairt agus chun bualadh le daoine nua i suíomh sóisialta.

Tá an-tionchar ag an nGaeilge ar an saol laethúil in Éirinn …

Logainmneacha

(Logainm = ainm atá ar áit.)

Tá an Ghaeilge le feiceáil ar gach uile chomhartha bóthair sa tír. Bíonn an leagan Gaeilge den áit le feiceáil in aice leis an leagan Béarla.

An raibh a fhios agat, áfach, go dtugann na hainmneacha Gaeilge eolas duit faoi áiteanna timpeall na tíre?

Liosta Logainmneacha

Focal	Brí	Logainm	Leagan Béarla
Ard	*Hill/Height*	Ardach Aird Mhór	Ardagh Ardmore
Áth	*Ford*	Áth Luain Áth an Rí	Athlone Athenry
Baile	*Town*	Baile Beag Béal Átha Seanaidh	Ballybeg Ballyshannon
Carraig	*Rock*	Carraig Dhubh Carraig Fheargais	Blackrock Carrickfergus
Cill	*Church*	Cill Chainnigh (*Church of Canice*) Cill Dara	Kilkenny Kildare
Cluain	*Meadow*	Cluain Meala (*Meadow of Honey*) Cluain Dolcáin	Clonmel Clondalkin
Cnoc	*Hill*	Cnoc Liamhna Cnoc an Tóchair	Knocklyon Knocktopher
Droichead	*Bridge*	Droichead Átha Droichead Nua	Drogheda Newbridge
Dún	*Fort*	Dún na nGall Dún Lóich	Donegal Dunloe
Gleann	*Glen/Valley*	Gleann Dá Loch (*Valley of Two Lakes*) An Gleann Rua	Glendalough Glenroe
Lios	*Fort*	Lios Mór Lios Tuathail	Lismore Listowel
Ráth	*Fort*	An Ráth Dhubh Ráth Chormaic	Rathduff Rathcormac
Trá	*Strand/Beach*	Trá Lí Trá Mhór (*Big Beach*)	Tralee Tramore

 Taighde Idirlín

An féidir leat smaoineamh ar aon logainmneacha eile? Úsáid an suíomh **www.logainm.ie** chun níos mó taighde a dhéanamh ar áiteanna i do cheantar féin!

Focal	Brí	Logainm	Leagan Béarla

An Ghaeilge agus Teangacha Eile

(a) Líon na Bearnaí

Tháinig roinnt focal agus téarmaí Gaeilge ón Laidin ar dtús, agus mar sin, is minic a fheictear cosúlachtaí idir an nGaeilge agus teangacha Eorpacha eile. Seo roinnt samplaí díobh ach caithfidh tú cúpla bearna a líonadh.

Gaeilge	Fraincis	Spáinnis
Luan		Lunes
	Mardi	Martes
Domhnach	Dimanche	
Eaglais		Iglesia
Muir	Mer	
	Or	Oro
Sláinte		Salud
Míle		Mil
	Ouef	Huevo

(b) Seo roinnt focal Fraincise agus tá na focail Gaeilge an-chosúil leo. Cad iad?

Fraincis	Gaeilge
Argent (*money/silver*)	
Chambre (*room*)	
Corps (*body*)	
Cloche (*bell*)	
École (*school*)	

(c) An féidir leat smaoineamh ar aon chosúlachtaí eile idir teangacha difriúla agus an Ghaeilge?

_____

_____

_____

 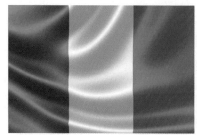 

Brí na Gaeilge

Tá go leor focal agus téarmaí eile sa Ghaeilge a thugann eolais duit faoin rud ar a bhfuil siad ag cur síos. Seo cúpla sampla.

Téarma	Aistriúchán Díreach	Brí
Fás aon oíche	*Grow in one night*	*Mushroom*
Leithscéal	*Half a story*	*Excuse*
Peann luaidhe	*Pen of lead*	*Pencil*
Sú talún	*Juice of the earth*	*Strawberry*
Cúlú eacnamaíochta	*Backwards economy*	*Recession*

An féidir leat smaoineamh ar aon fhocail eile a bhfuil brí faoi leith ag baint leo?

An Ghaeilge sa Bhéarla

Tá an Ghaeilge le feiceáil sa Bhéarla freisin! Úsáideann muintir na hÉireann na focail seo gach lá sa Bhéarla, i ngan fhios dóibh féin gur focail Ghaeilge a bhí iontu ar dtús!

Béarla	Gaeilge	Brí
Banshee	Bean sí	*Fairy woman*
Colleen	Cailín	*Girl*
Crack	Craic	*Fun*
Galore	Go leor	*A lot*
Smithereens	Smidiríní	*Little bits*
Smashing	Is maith sin	*That is great*

An féidir leat smaoineamh ar aon fhocail eile a tháinig ón nGaeilge ar dtús?

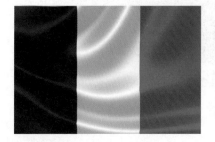

1.7 Léamhthuiscint: Páirceanna Tenerife

Meaitseáil na focail seo leis na pictiúir:

ioguánaí   carr cábla   moncaithe   bolcán
          muca ghuine   sleamhnán uisce   toirtísí

1._____ 2._____ 3._____ 4._____

5._____ 6._____ 7._____

 ## Léamhthuiscint: Páirceanna Tenerife

Is oileán Spáinneach é Tenerife atá ar cheann de na hOileáin Chanáracha. Téann na mílte Éireannach ann ar a gcuid laethanta saoire gach bliain mar bíonn an aimsir go hálainn ann i gcónaí agus tá a lán rudaí le déanamh ann. Seo cur síos ar thrí pháirc éagsúla atá suite in Tenerife.

Páirc Náisiúnta Mount Teide

Téann níos mó cuairteoirí chuig an bPáirc Náisiúnta seo ná aon cheann eile san Eoraip. Tá an pháirc seo lonnaithe timpeall Bholcán Mount Teide; is í Mount Teide an sliabh is airde sa Spáinn agus tá sé suite i lár oileán Tenerife. Bolcán atá ann le hairde 3,718m, agus 1909 an uair dheireanach a phléasc sé.

Is féidir tiomáint **cóngarach** go leor do bharr an tsléibhe agus tá carr cábla a théann go dtí an barr ar fad.

Costas: €25 ar an gcarr cábla (agus is fiú é a **chur in áirithe** roimh ré!).

Siam Park

Is **páirc siamsaíochta** uisce é seo atá lonnaithe in Costa Adeje. Dar le *TripAdvisor*, is é seo an pháirc uisce is fearr ar domhan! Tá téama na Téalainne mar chuid lárnach den pháirc agus tá na foirgnimh, bialanna agus sleamhnáin uisce ar fad tógtha faoin téama sin. Tá 12 shleamhnán éagsúla ar fáil sa pháirc, ó chinn díreacha agus tapa go cinn grúpa le rafta. Tá **abhainn leisciúil** i lár na páirce freisin agus is féidir do scíth a ligint ansin agus tú ag bogadh go mall ar rafta. Tá linn snámha ollmhór ann chomh maith, agus tá an **tonn bhréagach** is mó ar domhan le fáil anseo. Nuair a dhúnann an pháirc, is féidir siúl trasna an bhóthair chun píosa siopadóireachta a dhéanamh nó dinnéar a ithe san ionad siopadóireachta, *Siam Mall*.

Costas: €24 páiste; €35 duine fásta.

Monkey Park

Is páirc álainn í seo atá lonnaithe ar imeall Los Cristianos i ndeisceart Tenerife. Zú beag atá i gceist ach an rud is fearr faoi ná gur **zú idirghníomhach** atá ann, agus eachtra an-saor é seo muna bhfuil **fonn** ort mórán airgid a chaitheamh. Is féidir bia úr a thabhairt leat (nó é a cheannach sa siopa ann) agus siúl timpeall ag tabhairt glasraí agus torthaí do na hainmhithe éagsúla. Tá go leor ioguánaí, moncaithe, muca ghuine, agus toirtísí ann agus is féidir lámh a leagadh orthu agus bia a thabhairt dóibh. Níl siad **cúthaileach** in aon chor agus is minic a ghoideann siad bia ó do lámh! Is áit álainn í le cúpla uair an chloig a chaitheamh inti agus bainfidh páistí is daoine fásta **araon** an-sult as an turas.

Costas: €5 páiste, €10 duine fásta.

(a) Gluais: cad is brí leis na focail seo?

Cóngarach _____	Zú idirghníomhach _____
Cur in áirithe _____	Fonn _____
Páirc siamsaíochta _____	Cúthaileach _____
Abhainn leisciúil _____	Araon _____
Tonn bhréagach _____	

Focail nua eile a d'fhoghlaim tú:

_____

(b) Freagair na ceisteanna seo.

1. Cad í an áit is saoire le dul? _____
2. Conas is féidir dul go barr Mount Teide? _____
3. Cén téama atá i bPáirc Siam? _____

1.8 Scríobh: Tuairimí agus Taighde

(a) Cad iad na páirceanna turasóireachta is mó in Éirinn? Déan liosta anseo.

_____

_____

_____

_____

(b) Scríobh alt faoin bpáirc is fearr leatsa (ainm, contae, eachtraí, costas ...).

_____

_____

_____

_____

Taighde Idirlín

Déan taighde ar líne agus aimsigh an t-eolas seo:

● Cad iad na suíomhanna turasóireachta is mó le rá in Éirinn? Cad atá le déanamh iontu? Cén costas atá orthu?

● Líon an ghreille seo thíos leis na torthaí.

Ainm	Contae	Eachtraí/Le Déanamh	Costas
1.			
2.			
3.			
4.			
5.			

1.9 Dúshlán: Comórtas na mBriathra

- Ag obair i ngrúpaí beaga, déan liosta de na briathra ar fad atá ar eolas agaibh.
- Nuair a deir an múinteoir go bhfuil an t-am thart, déan comhaireamh ar an méid briathra atá agaibh.
- Beidh an bua ag an ngrúpa leis an méid is mó briathra scríofa acu!

An Chéad Réimniú (Briathra le siolla amháin)	An Dara Réimniú (Briathra le dhá shiolla)	Briathra Neamhrialta
– Bris – Ól	– Ceannaigh – Ullmhaigh	– Abair

1.10 Gramadach: Súil Siar – An Aimsir Chaite

Ag obair i ngrúpaí, smaoinigh siar ar na rialacha a bhaineann leis an Aimsir Chaite agus déan póstaer beag anseo chun na rialacha a mhíniú.

1.11 Gramadach: An Aimsir Chaite – Cleachtadh

(a) Scríobh ceisteanna do na freagraí seo.

1. Níor thóg   **Ar thóg?**
2. Chuala   _Ar Chuala?_ ✓
3. Fuaireamar   _An bhfuaireamar?_ ✓
4. Dúirt   _An ndúirt?_ ✓
5. Theip   _Ar theip?_ ✓

6. Ní fhaca   _An bhfaca?_ ✓
7. Ní dhearna   _An ndearna?_ ✓
8. Chanamar   _Ar chanamar?_ ✓
9. Níor inis   _Ar inis?_ ✓
10. Bhí   _An raibh?_ ✓

(b) Cuir na briathra seo san Aimsir Chaite.

1. An (déan) tú an obair sin?

   An ndearna

2. (Buail) tú le Sorcha inné.

   Bhuail

3. (Téigh) siad ar a gcuid laethanta saoire anuraidh.

   Chuaigh siad

4. Níor (ól) tú mo bhuidéal oráiste.

5. An (feic) sí mo mhála in aon áit?

6. Níor (tar) Ciarán ar ais go fóill.

7. (Ceap) sé go raibh an leabhar suimiúil.

8. Ní (faigh) sí mo theachtaireacht.

9. An (bí) tú ag caint liomsa?

10. (Tabhair) sé a sheoladh nua dom.

(c) Aistriúcháin

1. Liostaigh na briathra atá ag teastáil do gach abairt thíos.

2. Aistrigh na habairtí go Gaeilge.

Abairt	Briathra
1. Did she tell him the good news? Ar inis sí an dea-nuacht dó?	Inis
2. I broke the chair when I sat on it.	Bris, Suigh
3. Did you play soccer after school?	
4. We drank a lot of water when we were in Spain.	
5. Did you attend the class?	
6. He bought the shoes in the shopping centre.	
7. Did we eat the meal?	
8. Did they enjoy the party?	
9. We did not read the book.	
10. Did you (plural) meet my friend yesterday?	

Briathra Neamhrialta

Abairt	Briathra
1. Did she forget? *An ndearna sí dearmad?*	*Déan*
2. I did not give money to my friend.	*Tabhair*
3. Did they say anything interesting?	
4. He did not come to the swimming class.	
5. I caught the ball.	
6. We went to the cinema last week.	
7. Did you (plural) get a dog last year?	
8. You saw the guard after the match.	
9. He did not hear the teacher.	
10. Were we late coming to school?	

(d) Comhrá: Ag Taisteal

Cuir na ceisteanna seo ar an duine atá in aice leat.

1. Cé mhéad tír/contae ina raibh tú? Ainmnigh iad.

2. An ndeachaigh tú ar laethanta saoire anuraidh?

3. Cad a rinne tú an samhradh seo caite?

4. Cad í an tsaoire ab fhearr a bhí agat riamh?

5. Conas a thaistil tú ann?

6. Cén saghas áiseanna/aimsire a bhí ann?

7. An raibh tú in aon áit riamh nár thaitin leat?

8. Ar imigh tú ar thuras scoile riamh?

9. An raibh tú ar eitleán riamh? Déan cur síos ar sin.

10. Ainmnigh na modhanna taistil ar fad a d'úsáid tú go dtí seo.

Focail Nua:

1.12 Blag: Orla Ní Dhuinn

1. Bhí an t-ádh liom dul thar lear an samhradh seo caite le mo theaghlach. Chaitheamar seachtain ar Santorini, oileán i ndeisceart na Gréige. Labhraítear Gréigis ann ach tá go leor Béarla ag an gcuid is mó de na daoine a chónaíonn ar an oileán. Is é an euro **an t-airgeadra** atá in úsáid acu, toisc go bhfuil an Ghréig mar bhall den Aontas Eorpach, dar ndóigh. As na hOileáin Ghréagacha ar fad, is í Santorini an cheann is mó le rá, mar deirtear go bhfuil an **luí gréine** is fearr ar domhan le feiceáil ó bharr an oileáin. Tá dhá bhaile mhóra ar Santorini: Fira agus Oia.

2. D'fhanamar in óstán deas in aice leis an mbaile. Bhí dhá sheomra againn agus bhí an **troscán** ar fad nua agus compordach. Ní raibh radharc iontach againn mar bhí ár seomraí ag féachaint amach thar an mbóthar, ach bhí linn snámha ar an taobh eile den óstán agus chaitheamar cúpla uair an chloig ansin gach lá, ag snámh agus **ag sú na gréine**. Bhí an teocht idir 30–35 céim, agus bhí an ghrian ag scoilteadh na gcloch gach lá a chaitheamar ann. Bhí an-chuid imeachtaí le déanamh ar Santorini. Lá amháin, fuaireamar dhá **chuadrothar** amach ar cíos agus thiomáineamar timpeall na háite don lá, ag dul ó bhaile go baile nó trá go trá. Bealach den scoth a bhí ann leis an oileán a fheiceáil.

3. Chuamar ar thuras báid i lár na seachtaine freisin agus b'shin an eachtra ab fhearr liom. Turas leathlá a bhí i gceist agus thaistil an bád timpeall an oileáin. Stop an bád in aice le tránna difriúla agus bhíomar in ann léimt isteach san fharraige agus dul ag snámh san uisce breá úr. Bhí lón saor in aisce againn ar thrá amháin agus bhí sé an-bhlasta ar fad. D'itheamar sailéid Ghréagacha don phríomhchúrsa le trátaí, cúcamar agus cáis feta. Is béile traidisiúnta é sin sa Ghréig agus is cinnte gur béile blasta, sláintiúil é. Chríochnaigh an turas ag bun an bhaile Oia agus d'fhanamar ansin don tráthnóna chun féachaint ar luí na gréine. Mhair an turas sé huaire an chloig agus bhí costas €100 air, ach b'fhiú go mór é; **eispéireas** iontach a bhí ann!

4. Gach tráthnóna shiúlamar trí na sráideanna gleoite sa bhaile, ag déanamh píosa siopadóireachta nó ag suí i mbialanna le radhairc dheasa den fharraige acu. Bhíodh slua mór ar na sráideanna gach oíche ag féachaint ar luí na gréine. Tugadh bualadh bos mór don luí gréine agus é thart gach lá, amhail is gur seó a bhí ann! Saoire álainn a bhí ann, idir **shuaimhneach** agus spraíúil, agus ba bhreá liom filleadh ar Santorini sa todhchaí.

(a) Gluais: cad is brí leis na focail seo?

An t-airgeadra _____	Cuadrothar _____
Luí gréine _____	Eispéireas _____
Troscán _____	Suaimhneach _____
Ag sú na gréine _____	

Focail nua eile a d'fhoghlaim tú:

_____

(b) Freagair na ceisteanna seo.

1. Cén tír ina raibh Orla? (Alt 1)

_____

2. Cén fáth a bhfuil cáil ar Santorini? (Alt 1)

_____

3. Luaigh rud a thaitin léi faoin lóistín agus rud nár thaitin léi. (Alt 2)

_____

4. Déan cur síos ar an mbéile traidisiúnta a luaigh Orla. (Alt 3)

_____

5. Cad a rinne Orla agus a teaghlach um thráthnóna? (Alt 4)

_____

6. Dar léi, cad a tharla tar éis luí na gréine gach lá? (Alt 4)

_____

(c) Cúinne na Gramadaí: aimsigh samplaí den ghramadach seo ón téacs.

Alt 1: Dhá ainmfhocal

1. _____ **2.** _____

Alt 2: Dhá aidiacht uatha

1. _____ **2.** _____

Alt 3: Dhá bhriathar neamhrialta san Aimsir Chaite

1. _____ **2.** _____

Alt 4: Briathar saor san Aimsir Chaite

1. _____

(d) Cuir cúig cinn de na focail ón ngluais in abairtí nua.

1. _____

2. _____

3. _____

4. _____

5. _____

1.13 Blag: Mo Chuid Laethanta Saoire

Anois scríobh do bhlag féin faoi laethanta saoire a bhí agat; is féidir na rudaí seo a lua:

- Eolas ginearálta faoin áit
- Aimsir
- Bia

- Eachtraí
- Lóistín
- Rudaí a thaitin/nár thaitin leat

Nuair atá tú críochnaithe, is féidir pictiúr a tharraint den saoire sa bhosca trasna – nó grianghraf a ghreamú ann.

1.14 Sraith Pictiúr: Laethanta Saoire

(a) Seo sraith pictiúr faoin samhradh. Féach air agus ansin labhair leis an duine atá in aice leat chun cur síos a dhéanamh air.

Samhradh Iontach

(b) Anois scríobh alt beag chun cur síos a dhéanamh ar gach pictiúr sa tsraith.

Pictiúr 1

Pictiúr 2

Pictiúr 3

Pictiúr 4

Pictiúr 5

Pictiúr 6

Pictiúr 1

Pictiúr 2

1.15 Cluiche: Catagóirí

- Glaofaidh do mhúinteoir litir amach os ard.
- Caithfidh tú smaoineamh ar fhocal a thosaíonn leis an litir sin do gach catagóir sa liosta seo thíos.
- Is rás é seo idir gach duine sa rang.
- Nuair a chríochnaíonn tú an liosta, glaoigh amach 'Stop!'.
- Éistfidh do mhúinteoir le do fhreagraí agus má bhíonn an ceart agat, gheobhaidh tú pointe amháin!
- Is féidir an cluiche seo a imirt cúpla uair ag úsáid litir éagsúil gach uair.

Litir	Ainm Cailín	Ainm Buachaill	Ainmhithe	Bia	Clár Teilifíse	Spórt	Scannán							
S	Sorcha	Seán	Sioráf	Sceallóga	Suits	Sacar	Song of the Sea							

Ceanada

Ábhar Clúdaithe

(lgh 30–52)

Mé Féin, Mo Scoil, Mo Cheantar

- *Léamhthuiscint:* Fíricí Fánacha – Vancouver
- *Obair Bheirte:* Fíricí Fánacha – Mo Cheantar
- *Cluastuiscint:* An Saol i gCeanada
- *Gramadach:* An Aimsir Láithreach
- *Comhrá:* Gnáthlá
- *Léamhthuiscint:* Éireannach Thar Lear
- *Scríobh:* Próifíl Phearsanta
- *Cluiche:* Biongó na nDaoine

- *Gramadach:* Réamhfhocail
- *Léamhthuiscint:* CV Samplach
- *Scríobh:* Mo CV Gaeilge
- *Léamhthuiscint:* Cúig Rud le Déanamh in Vancouver
- *Obair Bheirte:* Cúig Rud le Déanamh i Mo Cheantar
- *Amhrán:* 'Grace'
- *Lúbra Focal*

An raibh a fhios agat ...?

◆ Is tír í Ceanada atá lonnaithe ó thuaidh de Na Stáit Aontaithe. San aonad seo, foghlaimeoidh tú faoin saol in Vancouver – cathair in iar-dheisceart Cheanada.

◆ Is iad Béarla agus Fraincis teangacha oifigiúla na tíre.

◆ An t-airgeadra atá in úsáid ann ná dollar Cheanada.

◆ Tá 37 milliún duine ina gcónaí i gCeanada agus is é Ottawa an phríomhchathair ann.

2.1 Léamhthuiscint: Fíricí Fánacha – Vancouver

Is cathair mhór í Vancouver atá suite i ndeisceart Cheanada, agus tá níos mó daoine ina gcónaí anseo ná mar atá in aon cheantar eile sa tír.

1. Is cathair an-sláintiúil í Vancouver a chuireann **béim** ar an rothaíocht, siúl, **lannrolláil** agus fiú **clárscátáil** mar shlite taistil – feicfidh tú a lán daoine proifisiúnta agus iad ar chlár scátála ar a mbealach chuig an oifig. Tá go leor cúirteanna leadóige, cispheile agus eitpheile ann freisin, agus tá cúpla linn snámha faoin aer ar fáil agus iad saor in aisce do gach duine.

2. Tá go leor sléibhte sciála in aice le Vancouver. Ó mhí na Bealtaine go mí na Samhna bíonn siad ar oscailt do dhaoine chun dul ag siúl nó ag rothaíocht. Is féidir siúl suas agus **ardaitheoir** sciála a fháil anuas, nó in áiteanna eile, is féidir **gandala** a fháil go dtí an barr le do rothar agus rothaíocht anuas ar luas lasrach!

3. Tá an-chuid **eachtrannach** ina gcónaí in Vancouver – go leor acu ó Éirinn, ach den chuid is mó is as an Áise dóibh. Tá níos mó bialann Síneach, Seapánach agus Cóiréach ann ná aon saghas bialann eile.

4. Tá **luach** 10c ar gach buidéal gloine a bhailítear – is minic a fheictear daoine gan dídean ag siúl timpeall agus ag bailiú buidéal ón trá agus na sráideanna. Nuair atá deich mbuidéal bailithe acu, tógann siad chuig **ionad athchúrsála** iad agus faigheann siad $1 ar ais.

5. Tá go leor tionscnamh deas le feiceáil in Vancouver chun áthas a chur ar dhaoine. Ceann an-suimiúil ná 'Keys to the Streets': gach lá cuirtear cúpla pianó **ildaite** in áiteanna poiblí timpeall na cathrach (ar thránna, i bpáirceanna, ar na príomhshráideanna …) agus is féidir le duine ar bith iad a sheinm saor in aisce agus ceol a sheinm don phobal.

(a) Gluais: cad is brí leis na focail seo?

Béim _____	Eachtrannach _____
Lannrolláil _____	Luach _____
Clárscátáil _____	Ionad athchúrsála _____
Ardaitheoir _____	Ildaite _____
Gandala _____	

Focail nua eile a d'fhoghlaim tú:

_____

(b) Léigh an t-alt arís agus freagair na ceisteanna seo.

1. Ainmnigh dhá shaghas eachtra is féidir a dhéanamh in Vancouver.

_____

2. Cad is féidir a dhéanamh sna sléibhte sciála i rith an tsamhraidh?

_____

3. Tá níos mó Eorpach ina gcónaí in Vancouver ná ó aon mhór-roinn eile. Fíor nó bréagach?

_____

4. Cén fáth a mbailíonn daoine gan dídean buidéil ghloine?

_____

5. Cén áit ar féidir pianó a aimsiú?

_____

(c) Obair Bheirte

An bhfuil aon fhíricí fánacha ar eolas agat faoi do cheantar féin? Oibrigh leis an duine atá in aice leat agus déan do liosta féin anseo thíos.

Fíricí Fánacha – Mo Cheantar
1.
2.
3.
4.
5.

2.2 Cluastuiscint: An Saol i gCeanada

Léigh na ceisteanna seo thíos. Cloisfidh tú gach giota faoi dhó.

CUID A – FÓGRA

1. (a) Cé mhéad duine atá ina gcónaí i gCeanada?

_____

(b) Ainmnigh an dá chathair atá luaite.

_____

2. (a) Cén t-airgeadra atá in úsáid sa tír?

_____

(b) Cad iad na príomhtheangacha a labhraítear i gCeanada?

_____

3. Cén dáta a mbíonn Lá Cheanada ar siúl?

_____

/10

CUID B – COMHRÁ

An Chéad Mhír

1. Cén fáth ar bhog Daithí go Ceanada?

_____

2. Ainmnigh **dhá** rud a bhí air eagrú sula ndeachaigh sé ann.

(a) _____

(b) _____

3. Cathain a tháinig Laoise go Vancouver?

_____

An Dara Mír

1. Cad a deir Laoise faoi mhuintir na háite?

_____

2. Cad é an rud is measa faoin gcathair, dar le Daithí?

_____

3. Cén moladh atá ag Laoise do Dhaithí?

_____

/12

32

CUID C – PÍOSA CAINTE

1. Cathain a imeoidh an chéad eitilt ó Bhaile Átha Cliath?

   _____

2. Ainmnigh **dhá** ghné nua atá ag baint leis an eitleán seo.

   (a) _____

   (b) _____

3. Cad a bheidh ar siúl ag an ngeata?

   _____

/8

Cluastuiscint: Na hIomláin	
Cuid A – Fógra	/10
Cuid B – Comhrá	/12
Cuid C – Píosa Cainte	/8
Iomlán	/30

2.3 Gramadach: An Aimsir Láithreach

(a) An cuimhin leat na rialacha a bhaineann leis an Aimsir Láithreach? Déan plé ar na rialacha leis an duine atá in aice leat. Úsáid an spás seo chun na rialacha a scríobh síos.

Briathra Rialta san Aimsir Láithreach	
An Chéad Réimniú	An Dara Réimniú

(b) Seo iad na Briathra Neamhrialta san Aimsir Láithreach. Scríobh an leagan ceart den bhriathar don fhoirm cheisteach, dhearfach agus dhiúltach.

Briathra Neamhrialta san Aimsir Láithreach			
Briathar	Ceisteach?	Dearfach	Diúltach
Abair	An ndeir?	Deir	Ní deir
Bí (Tá)			
Tar			
Tabhair			
Téigh			
Bí (Bíonn) (Aimsir Ghnáthláithreach)			

Nóta: Úsáidtear na gnáth rialacha do na briathra eile: Beir, Clois, Déan, Ith, Feic.

   Mar shampla: Cloiseann siad an ceol; Itheann sé a bhricfeasta.

(c) Aistriúcháin

   1. Liostaigh na briathra atá ag teastáil do gach abairt thíos.

   2. Aistrigh na habairtí go Gaeilge.

   Nóta: Bí cúramach – tá meascán de bhriathra rialta agus neamhrialta anseo.

Abairt	Briathra
1. Does she go to the supermarket every day? *An dtéann sí chuig an ollmhargadh gach lá?*	*Téigh*
2. She breaks the window when she throws the ball.	*Bris, Caith*
3. Do you play basketball after school on Tuesdays?	
4. They wake up and they brush their teeth.	
5. What do you think of the new restaurant?	
6. We buy milk in the shop twice a week.	
7. You (plural) have Irish in Room 7 every day.	
8. He does not give a lot of homework.	
9. I am tired but I am not cranky.	
10. They hear the bell and they return to class.	

(d) Cruthaigh ceisteanna do na freagraí seo.

Ceisteanna	Freagraí
Sampla: **An dtéann tú ag traenáil gach Satharn?**	Ní théim
1.	Ní ullmhaíonn tú
2.	Fanann siad
3.	Ní bhímid
4.	Imrím
5.	Deir sí

(e) Scríobh an leagan ceart den bhriathar do na habairtí seo.

1. (Déan mé) _____Déanaim_____ obair sa ghairdín gach lá.

2. (An bí tú) _____ sásta anois?

3. (Imir) _____ mo chairde iománaíocht gach lá agus (bí siad)

   _____ tuirseach.

4. (An glan sibh) _____ an seomra sula (téigh sibh) _____

   amach de ghnáth?

5. (Ceannaigh sé) _____ bainne agus (ól sé) _____ é.

6. (Bí mé) _____ san idirbhliain anois agus (ceap mé) _____ go

   bhfuil sé go hiontach.

7. (Ullmhaigh) _____ mo mháthair mo lón dom gach lá agus (tóg mé)

   _____ ar scoil liom ansin é.

8. (Ní bris sí) _____ na rialacha riamh mar (tuig sí) _____ go

   mbeadh sí i dtrioblóid dá mbrisfeadh.

9. (An éirigh sibh) _____ ag a seacht gach maidin nuair a (bí)

   _____ scoil agaibh?

10. (Abair sí) _____ 'slán' leis an bpríomhoide nuair a (fág sí)

   _____ an scoil gach tráthnóna.

 (f) Comhrá: Gnáthlá

Cuir na ceisteanna seo ar an duine atá in aice leat.

1. Cé mhéad duine atá i do theaghlach? Cén aois iad?

2. An réitíonn gach duine lena chéile?

3. An bhfuil post ag aon duine de do theaghlach?

4. Cad a dhéanann tú gach maidin roimh theacht ar scoil duit?

5. Cá bhfuil do theach suite? Cad iad na seomraí atá ann?

6. An maith leat an ceantar? An bhfuil mórán le déanamh ann?

7. An bhfuil aon rud stairiúil/cáiliúil/cultúrtha ann?

8. Cad iad na hábhair scoile nua a dhéanann tú i mbliana?

9. Déan cur síos ar do scoil (áiseanna, daltaí, múinteoirí ...).

10. An bhfuil tú ag baint suilt as an idirbhliain go dtí seo? Cén fáth?

Focail Nua:

2.4 Léamhthuiscint: Éireannach Thar Lear

Dia daoibh, Seán is ainm dom. Is as Baile Átha Cliath dom, ach cónaím in Vancouver faoi láthair. Tá Vancouver suite ar **iarchósta** Cheanada agus is cathair fhíorghníomhach í. Tá mé i mo chónaí in árasán i lár na cathrach. Tá cónaí orm anseo le naoi mí anuas agus táim ag baint an-taitneamh as.

Chríochnaigh mé **céim sna hEalaíona** i UCD anuraidh. Tháinig mé anseo le h**eispéireas** nua a fháil agus le bheith i mo chónaí i dtír nua.

Tá post agam anseo le comhlacht beag sa **tionscal tógála**. Is Éireannach é an bainisteoir, bhí sé tógtha le mo CV agus bhí sé lánsásta post a thairiscint dom. Tá pobal mór Éireannach anseo agus tá siad an-chabhrach agus cairdiúil lena chéile.

Tá saol an-mhaith agam anseo. Úsáidim mo chuid airgid chun **eachtraí spraíúla** a dhéanamh i m'am saor. Tá an-chuid eachtraí ar fáil anseo: sciáil, **seoltóireacht**, **dreapadóireacht**, rothaíocht sléibhe srl … Téim ag sciáil ag an deireadh seachtaine i rith an gheimhridh agus téim ar shiúlóidí sna sléibhte i rith an tsamhraidh.

Táim ag tnúth le **filleadh** ar Éirinn an bhliain seo chugainn, ach táim ag baint suilt as an saol atá agam anseo faoi láthair!

(a) Gluais: cad is brí leis na focail seo?

Iarchósta _____   Eachtraí spraíúla _____

Céim sna hEalaíona _____   Seoltóireacht _____

Eispéireas _____   Dreapadóireacht _____

Tionscal tógála _____   Filleadh _____

Focail nua eile a d'fhoghlaim tú:

_____

(b) Cúinne na Gramadaí: aimsigh samplaí de na míreanna gramadaí seo sa téacs.

1. **Dhá** Bhriathar Neamhrialta san Aimsir Láithreach: _____

_____

2. Briathar sa Dara Réimniú san Aimsir Láithreach: _____

_____

3. Briathar Neamhrialta san Aimsir Chaite: _____

_____

2.5   Scríobh: Próifíl Phearsanta

Anois cruthaigh do phróifíl féin; is féidir na rudaí seo a lua.

- Aois
- Áit chónaithe/teach
- Ábhair scoile

- Caithimh aimsire
- Conas a chaitheann tú do chuid airgid
- Fáthanna a bhfuil tú sásta le do shaol

2.6   Cluiche Cainte: Biongó na nDaoine

Rialacha:

- Féach ar an gcluiche agus déan nóta de aon fhocal nua.
- Caithfidh tú siúl timpeall an tseomra ranga le do leabhar chun an Biongó a líonadh.
- Caithfidh tú ceisteanna a chur ar na daltaí eile a bhaineann leis an ábhar sna boscaí.
- Nuair a fhaigheann tú freagra dearfach, scríobh ainm an duine sa bhosca sin.
- **Nóta:** Ní féidir an duine céanna a úsáid faoi dhó, mar sin caithfidh tú an Biongó a líonadh le 25 ainm difriúil – daoine atá sa seomra ranga amháin.
- Mura bhfuil 25 duine sa rang, is féidir líne a scriosadh ón mBiongó.
- Nuair atá an Biongó líonta agat le 25 ainm difriúil ó do rang, abair 'Biongó'!
- Pléifidh an múinteoir do chuid freagraí leis an rang ansin.

Ceisteanna agus Freagraí Samplacha don Chluiche

- An bhfuil _____ agat? *Tá* _____ *agam.*
- Ar fhreastail tú ar _____? *D'fhreastail mé ar* _____
- An éisteann/itheann/imríonn tú _____? *Éistim/Ithim/Imrím* _____

Biongó na nDaoine

Duine leis an litir 'y' ina ainm	Duine a bhfuil súile donna aige/aici	Duine a bhfuil gruaig fhionn air/uirthi	Duine a rugadh i mí Eanáir	Duine atá ina p(h)áiste aonair
Duine a léigh na leabhair *Harry Potter*	Duine a sheinneann uirlis cheoil	Duine a bhfuil cúigear ina t(h)eaghlach	Duine a bhfuil deirfiúr níos óige aige/aici	Duine a thacaíonn le *Chelsea FC*
Duine a bhfuil deartháir níos sine aige/aici	Duine a d'fhreastail ar chúrsa Gaeltachta	Duine a thagann go dtí scoil ar rothar *nó* bus	Duine a bhfuil albam *Macklemore* acu	Duine a bhfuil madra mar pheata aige/aici
Duine a bhí ar laethanta saoire i Meiriceá	Duine a d'fhreastail ar bhunscoil lán-Ghaeilge	Duine a itheann criospaí níos minice ná trí huaire sa tseachtain	Duine a bhuail le pearsa cháiliúil	Duine a fhéachann ar *Home and Away*
Duine a bhfuil gaol darbh ainm 'Mary' aige/aici	Duine atá ag caitheamh uaireadóra	Duine a bhí ag ceolchoirm i mbliana	Duine a bhí sa Spáinn sa samhradh	Duine a d'fhreastail ar chluiche i bPáirc an Chrócaigh

2.7 Gramadach: Réamhfhocail

- Tagann siad roimh ainmfhocal.
- Tugann siad eolas dúinn faoin áit ina bhfuil rud éigin.

Liosta Réamhfhocal	Réamhfhocal a chuireann séimhiú ar an ainmfhocal a leanann	Réamhfhocal nach n-athraíonn tús an ainmfhocail a leanann	Réamhfhocal roimh ainmfhocail a thosaíonn le guta
Roimh	De	Le	Le + h – le hAoife
Ar	Do	As	
Le	Faoi	Chuig	
As	Mar	Ag	Go + h – Go hÉirinn
Ó	Ó	Go	
Chuig	Roimh	Thar	
Ag	Trí	Gan	Do – D' – d'Éilis
Do	Sa		
De	Ar*		
i	(*Ní bhíonn séimhiú ann nuair a bhíonn staid i gceist – ar meisce, ar bís ... Bíonn séimhiú ann nuair a chiallaíonn sé 'on' as Béarla – Tá cóta ar Sheán.)		i – in – in Éirinn
Faoi			
Sa			
Trí			
Go			
Mar			
Thar			
Gan	Idir (*both*) – idir bhuachaillí agus chailíní	Idir (*between*) – Idir Sligeach agus Gaillimh	
Idir			
	Eisceacht: i + urú – i gCorcaigh		

(a) Aistrigh na focail agus abairtí seo go Gaeilge.

1. In the restaurant _____

2. Before training _____

3. With Mícheál _____

4. About Irish _____

5. Through Galway _____

6. There were both students and teachers in the school.

   _____

7. I was in the city and she was in Cork.

   _____

8. We were talking about music.

   _____

9. You sent a letter to your friend.

   _____

10. I was here before Cáit.

   _____

(b) Cad iad na rialacha a bhaineann leis na réamhfhocail seo?

Réamhfhocal	Béarla	Riail
Ag	At	Ní bhíonn athrú
Ó	From	+ séimhiú
1. As		
2. Roimh		
3. Chuig		
4. Mar		
5. Le		
6. Faoi		
7. Gan		
8. Sa		
9. i		
10. Do		

Réamhfhocail leis an Alt

Rialacha	Samplaí
Réamhfhocail a leanann urú iad	
Roimh + an	Roimh an **m**bus
Ar + an	Ar an **m**bord
As + an	As an **g**carr
Chuig + an } + urú	Chuig an **m**buachaill
Ag + an	Ag an **bh**fear
Mar + an	Mar an **g**céanna
Thar + an	Thar an **n**geata
Réamhfhocail a athraíonn agus a leanann urú iad	
Le + an	**Leis** an **g**cailín
Ó + an } + urú	**Ón g**cathaoir
Faoi + an	**Faoin m**bord
Trí + an	**Tríd** an **m**baile
Réamhfhocail a athraíonn agus a leanann séimhiú iad	
Do + an } + séimhiú	**Don** m**h**adra
De + an	**Den** c**h**rann

(c) Ceartaigh na habairtí seo más gá.

Gaeilge	Ceartúcháin
1. Bhí fearg ar an bean.	Bhí fearg ar an mbean.
2. Beidh áthas ar an fear.	
3. Bíonn sé i cónaí déanach.	
4. Rith sé amach ón príosún.	
5. Chuaigh an teach trí tine.	
6. Ghlaoigh siad ar an briogáid dóiteáin.	
7. Íosfaidh mé i óstán amárach.	
8. D'fhéach sé ar an cluiche.	
9. Cuireann sí fáilte roimh an cuairteoir.	

Gaeilge	Ceartúcháin
10. Bhí muid ag caint leis an dochtúir inné.	
11. D'iarr mé ar Pádraig fágáil.	
12. Is as Baile Átha Cliath di.	
13. Léim sé thar an geata.	
14. Tháinig mé ó Albain.	
15. Sheol mé litir chuig Aoife.	
16. Bhí an carr ag dul ó Ciarraí go Uíbh Fháilí.	
17. Chuaigh siad abhaile do an maidin.	
18. Tá an bád idir Sasana agus an Fhrainc.	
19. Tá an leabhar faoi an bord.	
20. Oibríonn sé sa foirgneamh.	

(d) Cuir Gaeilge ar na habairtí seo.

1. He was in the shopping centre.

   _____

2. The dog came from the town.

   _____

3. I am at the shop.

   _____

4. She was with Eoghan.

   _____

5. Did you hear about the accident?

   _____

2.8 Léamhthuiscint: CV Samplach

Sonraí Pearsanta

Ainm: Clár Ní Bhroin
Dáta Breithe: 12 Bealtaine 2001
Uimhir Ghutháin: 01 097 2345
Ríomhphost: cnibhroin@rphost.com
Seoladh: 17 Bóthar na Trá, Dún Laoghaire, Co. BhÁC

Oideachas

Bunscoil: 2005–2013 Bunscoil Naomh Phádraig, Sráid na nÉan, Stigh Lorgan, BÁC 18

Meánscoil: 2013–2017 Coláiste Mhuire, Bóthar na Farraige, Cluain Sceach, BÁC 14

Torthaí an Teastais Shóisearaigh

Ábhar	Toradh	Leibhéal (Ard/Gnáth/Bun)
Gaeilge	B	Ard
Béarla	Tuillteanas	Ard
Mata	B	Gnáth
Tír Eolas	C	Ard
Eolaíocht	Gradam	Ard
Gnó	Ardtuillteanas	Ard
Spáinnis	B	Ard
Stair	D	Ard
Eacnamaíocht Bhaile	C	Ard
Ceol	B	Ard

Taithí Oibre

- Samhradh 2017: *Cúl Camps*, Rath Fearnáin, Co. BhÁC: Cinnire ag Campa Samhraidh CLG
- Aibreán 2017: Bialann "MacCarthy's", An Cóbh, Co. Chorcaigh: Glanadh agus cabhrú
- Samhradh 2016/17: Garraíodóireacht i mo ghairdín agus gairdín mo chomharsan

Éachtaí

- 2018 Captaen Ranga
- 2017 Buaiteoir Léig Iománaíochta
- 2016 Buaiteoir Rás na nÓg, Dún Laoghaire (faoi 14)
- 2014 Grád 3 bainte amach ar an bpianó

Suimeanna

- Iománaíocht – Imrím le mo chlub áitiúil. Is taca mé.
- Lúthchleasaíocht – Rith trastíre.
- Ceol – Seinm an pianó.
- Léamh – Leabhair ficsin ach go háirithe.

(a) Freagair na ceisteanna seo a bhaineann le CV Chlár.

1. Cad is ainm don bhunscoil ar fhreastail sí air?

   _____

2. Céard é an grád is fearr a fuair sí sa Teastas Sóisearach?

   _____

3. Conas is féidir teagmháil a dhéanamh léi?

   _____

4. An bhfuil suim agat sna rudaí céanna le Clár?

   _____

5. An dtabharfá post do Chlár? Cén fáth?

   _____

   _____

(b) Seo hiad na téarmaí a bhaineann le *Próifíl Ghnóthachtála na Sraithe Sóisearaí.* Meaitseáil na téarmaí leis an leagan ceart Béarla.

1.	Gradam (90–100%)	A.	Achieved	1	
2.	Ardtuillteanas (75–89%)	B.	Higher Merit	2	
3.	Tuillteanas (55–74%)	C.	Partially Achieved	3	
4.	Gnóthaithe (40–54%)	D.	Distinction	4	
5.	Gnóthaithe go páirteach (20–39%)	E.	Merit	5	

(c) Ceacht: comhlánaigh isteach an CV thíos le do shonraí féin.

Sonraí Pearsanta

Ainm:
Dáta Breithe:
Uimhir Ghutháin:
Ríomhphost:
Seoladh:

Oideachas

Bunscoil:
Meánscoil:

Torthaí an Teastais Shóisearaigh		
Ábhar	*Toradh*	*Leibhéal (Ard/Gnáth/Bun)*

Taithí Oibre

Éachtaí

Suimeanna

2.9 Léamhthuiscint: Cúig Rud le Déanamh in Vancouver

Stanley Park

Is páirc álainn í Páirc Stanley atá lonnaithe i g**croílár** na cathrach. Is fiú go mór siúl nó dul ar rothar timpeall imeall na páirce agus taobh na farraige. Tá linn snámha faoin aer ann freisin a bhíonn ar oscailt i rith an tsamhraidh. Tá radhairc áille den chathair le feiceáil ann agus tá an-chuid eachtraí eile ar fáil ann freisin.

Costas rothar a fháil ar cíos: $10 san uair. Costas ar an linn snámha: $5. Costas ar ghalf dhá mhaide: $13.

'Downtown' Vancouver

Tá go leor le feiceáil ar na sráideanna seo idir shiopaí, bhialanna, chaiféanna agus fhoirgnimh shuimiúla. Is féidir cuairt a thabhairt ar an *'Vancouver Lookout'* anseo freisin. Is **túr** ard í atá lonnaithe ar Shráid Hastings. Tá radharc 360° den chathair ar fáil ann.

Costas: $16 duine fásta, $11 mac léinn.

The Grouse Grind

Is siúlóid sléibhe chrua é seo. Úsáideann muintir na háite an sliabh seo mar **spórtlann** faoin aer. Dreapann tú 1,200m san iomlán (níos airde ná Corrán Tuathail) go barr an tsléibhe, áit a bhfuil **tearmann** béar, bialanna agus teach tábhairne ann. Faightear an Gondala anuas ón sliabh ar chostas $10.

Turas go Whistler

Is féidir bus fillte a fháil go Whistler ó Downtown Vancouver. Tá an-chuid eachtraí éagsúla le déanamh anseo gach séasúr den bhliain. Sa gheimhreadh is ionad sciála é agus sa samhradh is féidir do rothar a thógáil aníos ar an Gondola agus rothaíocht sléibhe a dhéanamh ar an sliabh céanna! Bhí na Cluichí Oilimpeacha Geimhridh ar siúl anseo in 2010 agus is féidir cuairt a thabhairt ar an mbaile na Oilimpeach a tógadh don ócáid.

Costas bus fillte go Whistler: $35.

Horseshoe Bay

Is baile beag é seo atá lonnaithe ar an gcósta; 20 nóiméad ó Downtown Vancouver. Is féidir **luasbhád** a fháil ar cíos anseo agus dul ag taiscéaladh timpeall an chuain agus na n-oileán. Tá na céadta **rón** ina gcónaí sa chuan seo agus is féidir iad a fheiceáil ag sú na gréine ar chladaigh na n-oileán beag.

Costas luasbhád: $70 san uair le haghaidh ceathrair.

(a) Gluais: cad is brí leis na focail seo?

Croílár _____   Tearmann _____

Túr _____   Luasbhád _____

Spórtlann _____   Rón _____

Focail nua eile a d'fhoghlaim tú:

_____

(b) Freagair na ceisteanna seo.

1. Cad é an eachtra is costasaí i bPáirc Stanley?

   _____

2. Cén fáth ar fiú dul go *Vancouver Lookout*?

   _____

3. Cén saghas ainmhí atá le feiceáil ar bharr an *Grouse Grind*?

   _____

4. Cad a tógadh in Whistler in 2010?

   _____

5. Cad é an modh taistil a d'úsáidfeá in Horseshoe Bay?

   _____

6. As na cúig rud atá luaite thuas, cén ceann ar mhaith leatsa a dhéanamh agus cén fáth?

   _____

   _____

   _____

   _____

(c) Obair Bheirte

- Tá grúpa turasóirí ag teacht ar cuairt chuig do cheantar agus caithfidh tusa comhairle a chur orthu faoi na rudaí is fearr atá le déanamh sa cheantar.
- Ag obair leis an duine atá in aice leat, ullmhaigh liosta 'Cúig Rud le Déanamh i mo Cheantar' agus scríobh píosa eolais faoi gach ceann acu.

Cúig Rud le Déanamh i Mo Cheantar
1.
2.
3.
4.
5.

2.10 Amhrán: 'Grace'

Cúinne Staire

Léigh an t-eolas seo faoi chúlra an amhráin agus ansin léigh an t-amhrán. Freagair na ceisteanna a bhaineann leis an amhrán.

Cúlra an Amhráin

Is amhrán é seo atá bunaithe ar fhíor-scéal faoi chaidreamh Grace Gifford agus Joseph Mary Plunkett. Bhí an bheirt acu geallta lena chéile le pósadh i 1916, ach bhí baint ag Plunkett leis an bpleanáil do Eirí Amach na Cásca agus gabhadh air de bharr sin. Bhí sé curtha chun báis i bPríosún Chill Mhaighneann. Nuair a chuala Grace faoi seo, cheannaigh sí fáinne agus d'iarr sí ar an sagart sa phríosún iad a phósadh. Phós siad faoi rún i gCill Mhaighneann cúpla uair an chloig sular cuireadh Joseph chun báis. Tá an t-amhrán seo scríofa ó mheon Joseph an oíche sin.

Grace
Scríofa ag Frank agus Seán O'Meara

Táimid bailithe sa séipéal seo i bPríosún Chill Mhaighneann
Ag smaoineamh faoin Eirí Amach agus deireadh lenár bplean.
Ar scoil fadó a spreagadh muid chun saoirseacht a bhaint amach
Ach níl uaim anois ach tú bheith liom san áit ghruama seo anocht.

Ó Grace, a stór, bí liom anois is tóg mé i do lámha
Ag tús an lae a chuirfear mé chun báis.
Le grá mo chroí a chuirim fáinne phósta ar do mhéarsa
Ní bheidh deis againn ár ngrá a roinnt mar tá orainn slán a rá.

Tuigim go bhfuil sé crua ort, is nach dtuigfidh tú ariamh
An grá atá agam do na fir seo, an grá atá agam don tír.
Ach d'iarr Padraig orm cabhrú leis an troid sa GPO
Bhí mé breoite ach ba chuma sin, bhí dualgas orm bheith leo.

Anois feicim an ghrian ag eirí agus briseann sin mo chroí
Lá Bealtaine ag siúl chun báis, is tú a smaoineoidh mé faoi.
Ach ar taobh an chill a scríobhfaidh mé go mbeidh fhios acu go deo
Gur thug mé grá dochloíte duit le fuil a chur ar rós.

Freagair na ceisteanna seo.

1. Cad iad na téamaí atá san amhrán seo?

2. Cad é an téama is láidre ann agus cén fáth an gceapann tú é sin?

3. An maith leat an t-amhrán seo? Cén fáth?

Taighde Idirlín

Anois, éist leis an amhrán ar an idirlíon agus bain triail as é a chanadh le do rang.

1. An féidir leat aon eolas eile a aimsiú faoi shaolta Grace Gifford agus Joseph Mary Plunkett?

2. Déan taighde ar dhuine stairiúil eile ó Éire agus aimsigh cúpla fíric fúthu.

Ainm an Duine:
•
•
•
•

2.11 Lúbra Focail

Aimsigh na focail seo ón gcaibidil sa lúbra focail.

1. BÉIM
2. CEANTAR
3. EACHTRAÍ
4. GRADAM
5. ILDAITE
6. LUACH
7. LUASBHÁD
8. MÓR-ROINN
9. RÉAMHFHOCAIL
10. RÓNTA
11. SEOLTÓIREACHT
12. SPÓRTLANN
13. SUIMEANNA
14. TEANGACHA
15. TUILLTEANAS

```
T Ó S O G T M Í D E P B A Ú G A L L R O R S U T S
I H U P L S V P T Á É M P F X Á I L A A E C C P U
O B C S Ó U E I T I H N M S H A P L T P I Y H T I
A D S A P R A H M D B B J A C O M E N G E N Í T M
F O I L E D T C Á S C D S O Á B S E A A L A O Ó E
P E F A L R S L H Ú S G H A A I O Í E M E M T É A
F R A I N I I C A L F F M G U N M N C S R Ú H D N
O A N N A R R Ó U N H G U C C L N I O B Ó L I H N
D E T U E U T H T M N M R S L O R M I N N I S M A
I E N Ú A P C L A L Ó T E A N G A C H A T Y L E R
E L B F B S C É Á R O Í O N P D I A F Á A N S B T
G R A D A M R Ú R M S E H A F Í A R T H C A E G R
A S U L Í O A O Ó I Í N S E U S P Ó N S F R M A C
R N U M T Ú I U P N Á S A T Ú A H P G A L F T P C
B O E O E N B L Ú Á O B N L D F R N H N O T P A Ó
Á O C U N I P A L O D D T L H U T P Á M Ú A F G S
M I U P I B L B Á P D E I I M Á R N P R N E Í Ú A
A E I L D Á C M P D L Í Ú U L N T E P I G D B F Ó
E U P L E M A S R P T L H T L S B E H T Á T Ó A T
U M Á C O E F L M P N S Ó T R R C S L F C F A O Í
```

Meiriceá

Ábhar Clúdaithe

(lgh 54–80)

Gaeilge, Spórt, Caithimh Aimsire

- *Léamhthuiscint:* An Ghaeilge in San Francisco
- *Cluastuiscint:* Agallamh le Meiriceánach a d'fhoghlaim Gaeilge
- *Díospóireacht:* Féidearthachtaí na Gaeilge
- *Léamh agus Comhrá:* Fíricí Fánacha – California
- *Gramadach:* Forainmneacha Réamhfhoclacha
- *Léamhthuiscint:* Príosún Alcatraz
- *Cluiche:* Alcatraz – Bris an Cód
- *Léamhthuiscint:* Turas Bóthair – Highway 1

- *Scríobh:* Turas Bóthair Brionglóideach
- *Léamh agus Comhrá:* Cumann Lúthchleas Gael (CLG) Thar Lear
- *Gramadach:* Céimeanna Comparáide na hAidiachta
- *Léamhthuiscint:* Le Déanamh i Nua Eabhrac
- *Comhrá:* Caithimh Aimsire
- *Dán:* 'Mo Ghile Mear'
- *Comhrá:* Sraith Pictiúr – Caithimh Aimsire
- *Comórtas:* Sraith Pictiúr a Chumadh

An raibh a fhios agat ...?

◆ Tá Stáit Aontaithe Mheiriceá lonnaithe i lár Mhór-Roinn Mheiriceá Thuaidh.

◆ Tá 50 stát ann san iomlán, California agus Nua Eabhrac ina measc.

◆ Is é Béarla an teanga a labhraítear anseo go príomhá.

◆ Tá 326 milliún duine ina gcónaí ann.

3.1 Léamhthuiscint: An Ghaeilge in San Francisco

1. Osclaíodh an *United Irish Cultural Center* in San Francisco sa bhliain 1975 chun áit a chruthú do na hÉireannaigh ar fad a bhog go California. An aidhm a bhí ann ná áit a chur ar fáil ina mbeadh Éireannaigh in ann an cultúr Gaelach a **chleachtadh** le chéile agus iad i bhfad óna **dtír dhúchais**. Tá an t-ionad níos gnóthaí ná riamh anois, agus bíonn ranganna Gaeilge ar siúl san ionad gach deireadh seachtaine. Bíonn seisiún ceoil ann gach seachtain freisin agus freastalaíonn an-chuid daoine de **shliocht** Éireannach ar an ionad chun **nasc** a láidriú eatarthu féin agus Éire.

2. Eagraítear Deireadh Seachtaine Gaeltachta Bliantúil ann gach fómhar agus is í Nikki Ragsdale a chuir tús leis an ócáid seo. Rugadh in California í agus thosaigh sí ag foghlaim na Gaeilge den chéad uair sna hochtóidí. Níl aon **ghaolta** ag Nikki in Éirinn ach chuaigh sí ann ar thuras sna seachtóidí. Thug sí cuairt ar an nGaeltacht i nGaillimh agus dúirt sí, 'Nuair a chuala mé an Ghaeilge den chéad uair á labhairt i gceart, dúirt mé go gcaithfinn í a fhoghlaim.'

Nuair a d'fhill sí ar California, thosaigh sí ag foghlaim na teanga ó leabhair áirithe agus **ar ball**, ó shuíomhanna idirlín. Chuir sí an-spéis sa cheol traidisiúnta agus san amhránaíocht ar an sean-nós freisin agus anois tá leabhar (*The Light in the Storm*) agus dlúthdhiosca (*Seansaol na hAislinge*) **foilsithe** aici.

3. Thosaigh Nikki ag eagrú an Deireadh Seachtaine Gaeltachta na blianta ó shin. Bhí sí ag iarraidh deis a thabhairt do dhaoine cosúil léi teacht le chéile chun feabhas a chur ar a gcuid Gaeilge agus í a chleachtadh i dtimpeallacht Ghaelach. Bíonn ranganna Gaeilge ar siúl don deireadh seachtaine ar fad agus tarlaíonn seisiún ceoil sna hoícheanta. Freastalaíonn breis is caoga Meiriceánach ar an deireadh seachtaine seo gach bliain. Bíonn cúig rang Gaeilge ar siúl gach lá ón Aoine go dtí an Domhnach, agus ceithre leibhéal Ghaeilge múinte iontu, agus rang amháin do pháistí freisin.

4. Is **cláraitheoir ríomhaireachta** é Gary Faber, a rugadh agus a chónaíonn in Los Angeles, California. Freastalaíonn sé ar an Deireadh Seachtaine Gaeltachta gach bliain. Chuir sé suim sa cheol traidisiúnta na blianta ó shin agus thug sé faoi deara nár thuig sé teidil na n-amhrán toisc go raibh siad scríofa sa Ghaeilge. B'shin an chéad uair a thuig sé gur theanga í an Ghaeilge, agus thaitin sí an méid sin leis gur thosaigh sé ag foghlaim na Gaeilge **láithreach bonn**. Anois is cainteoir **líofa** é Gary. Tá beirt mhac aige freisin agus níor labhair sé ach Gaeilge amháin leo ó rugadh iad, mar sin tá Gaeilge líofa ag an mbeirt acu – agus níor leag siad a gcosa riamh ar **thalamh na hÉireann**!

Gan dabht, tá éacht mór á dhéanamh ag an dream Gaeilgeoirí seo in California. Tá meas mór ag na daoine seo ar chultúr agus teanga na hÉireann agus is iontach an rud é go bhfuil siad ag cur go leor spéise inti len í a choimeád beo ar an taobh eile den domhan!

(a) Gluais: cad is brí leis na focail seo?

Cleachtadh _____	Foilsithe _____
Tír dhúchais _____	Cláraitheoir ríomhaireachta _____
Sliocht _____	Láithreach bonn _____
Nasc _____	Líofa _____
Gaolta _____	Talamh na hÉireann _____
Ar ball _____	

Focail nua eile a d'fhoghlaim tú:

_____

(b) Anois freagair na ceisteanna seo.

1. Cén fáth ar bunaíodh an *United Irish Cultural Center*? (Alt 1)

_____

2. Luaigh trí phíosa eolais faoi Nikki Ragsdale. (Alt 2)

_____

_____

_____

3. Cad é an Deireadh Seachtaine Gaeltachta? (Alt 3)

_____

4. Cén fáth a mbíonn cúig rang Gaeilge ar siúl? (Alt 3)

_____

5. Conas a thuig Gary Faber gur theanga í an Ghaeilge? (Alt 4)

_____

6. Cad atá suimiúil faoin gcaidreamh atá ag Gary lena chuid mac? (Alt 4)

_____

(c) Cúinne na Gramadaí: aimsigh samplaí den ghramadach seo ón téacs.

Alt 1: Ainmfhocal san iolra _____

Alt 2: Briathar Saor _____

Alt 3: Réamhfhocal le 'h' _____

Alt 4: Uimhir Phearsanta _____

3.2 Cluastuiscint:
Agallamh le Meiriceánach a d'fhoghlaim Gaeilge

Léigh na ceisteanna seo thíos. Cloisfidh tú gach giota faoi dhó.

An Chéad Mhír

1. Cá bhfuil an *Pop Up Gaeltacht* ar siúl?

2. Cé mhéad duine atá ag an *Pop Up Gaeltacht*?

3. Cad as do sheanmhuintir Josh in Éirinn?

An Dara Mír

1. Cad as atá tuismitheoirí Josh bródúil?

2. Conas a d'fhoghlaim Josh Gaeilge? Luaigh rud amháin.

3. Cén fáth nach raibh sé ródheacair ar Josh an Ghaeilge a fhoghlaim?

An Tríú Mír

1. Cén fáth a mothaíonn na Gaeil go bhfuil an Ghaeilge tábhachtach?

2. Cé chomh minic is a bhíonn an ciorcal comhrá ar siúl?

3. Cad iad an dá náisiúntacht a luann Josh?

Cluastuiscint: Na hIomláin	
An Chéad Mhír	/6
An Dara Mír	/6
An Tríú Mír	/6
Iomlán	/18

3.3   Díospóireacht: Féidearthachtaí na Gaeilge

Rún:

'Is fiú go mór ár dteanga náisiúnta a chaomhnú.'

Obair Ghrúpa

- Déan plé i ngrúpaí ar na pointí ar son agus i gcoinne an rúin seo.
- Is féidir óráid a dhéanamh os comhair an ranga le do chuid argóintí a chur i láthair.

Ar Son an Rúin	I gCoinne an Rúin
•	•
•	•
•	•
•	•
•	•
•	•

Foclóir agus nathanna úsáideacha don díospóireacht:

- 'A Chathaoirligh, a mholtóirí, a lucht an fhreasúra agus a dhaoine uaisle ar fad.'
- 'Tá mé go huile agus go hiomlán i gcoinne/i bhfabhar an rúin seo.'
- 'Ba mhaith liom an rún seo a shainmhíniú daoibh.'
- 'Tá lucht an fhreasúra ag iarraidh an dallamullóg a chur oraibh, níl fírinne ar bith ag baint lena gcuid argóintí.'
- 'Tá súil agam go n-aontaíonn sibh le mo chuid argóintí.'

Anois roghnaigh taobh amháin den argóint agus scríobh an óráid a thabharfá.

3.4 Léamh agus Comhrá: Fíricí Fánacha – California

1. Is ó California a thagann os cionn 60% d'**almóinní** an domhain toisc go bhfuil **aeráid** oiriúnach ann chomh maith leis na mílte acra talaimh. Is fadhb í uaireanta, áfach, toisc go n-úsáideann an **earnáil** seo níos mó ná 10% de **sholáthar** uisce an stáit.

2. Bíonn ceithre lána ar an dá thaobh de na **mótarbhealaí** in California. Tá an lána ar an taobh istigh ar fáil do thriúr nó níos mó paisinéirí atá ag déanamh carr-roinnte chun taisteal chuig an obair. An aidhm atá i gceist leis sin ná chun an líon gluaisteán ar na bóithre a laghdú, rud atá níos fearr don timpeallacht. Bíonn na tiománaithe sásta carr-roinnte (*carpool*) a dhéanamh freisin toisc gur féidir leo tiomáint sa lána is tapúla leis an méid is lú tráchta.

3. Ainmníodh an '*Golden Gate Bridge*' i ndiaidh an uisce atá faoi: an '*Golden Gate Strait*'. Tá dath rua ar an droichead agus uaireanta sa ghrian bíonn cuma óir air, ach ní bhaineann dath an **droichid** leis an ainm in aon chor.

4. Tá sé de nós ag na Meiriceánaigh cathracha beaga a ainmniú mar **phríomhchathair** gach stát. Mar shampla in California, is é San Francisco an chathair is gnóthaí agus is cáiliúla, ach is é Sacramento príomhchathair an stáit. I stát Nua Eabhrac, tá gach duine ar domhan in ann Manhattan agus cathair Nua Eabhrac a ainmniú, ach is é Albany príomhchathair an stáit sin! Den chuid is mó, roghnaítear an chathair **is lárnaí** sa stát chun a bheith ina príomhchathair, ionas nach mbeidh ar éinne taisteal rófhada chun an phríomhchathair a shroicheadh.

5. Maireann gnáthlá oibre in San Francisco ó 7r.n.–5i.n. ach tá an córas fleisc-ama (*flexi-time*) i bhfeidhm in an-chuid comhlachtaí. Is féidir leis na **fostaithe** obair bhreise a dhéanamh agus na huaireanta sin a úsáid am éigin eile. Is minic a fheictear líne fada tráchta ar mhotorbhealaí ag fágáil na cathrach timpeall 3i.n. ar an Déardaoin, toisc go mbíonn an méid sin daoine ag tógáil deireadh seachtaine fada tar éis na ragoibre (*overtime*) a rinne siad **roimh ré**.

(a) Gluais: cad is brí leis na focail seo?

Almóinní _____	Droichead _____
Aeráid _____	Príomhchathair _____
Earnáil _____	Is lárnaí _____
Soláthar _____	Fostaithe _____
Mótarbhealaí _____	Roimh ré _____

Focal nua eile a d'fhoghlaim tú:

_____

(b) Cúinne na Gramadaí

1. Athscríobh Alt 1 anseo san Aimsir Chaite.

_____

_____

_____

_____

_____

_____

2. Scríobh ceisteanna a bhfuil na focail seo mar fhreagraí orthu.

Ceist	Freagra
Sampla: Cé mhéad lána atá ar na mótarbhealaí in California?	Ceithre
1.	Almóinní
2.	Sacramento
3.	Ó 7r.n.– 5i.n.

(c) Taighde Idirlín: déan taighde ar líne chun na ceisteanna seo a fhreagairt.

1. Cad é an earnáil is mó in Éirinn?

_____

2. Cén saghas bia a ndéanann Éireannaigh easpórtáil air?

_____

_____

3. Cad a dhéantar ar son na timpeallachta i do cheantar féin?

_____

_____

4. Cad iad na rialacha a bhaineann le mótarbhealaí in Éirinn?

_____

_____

5. Cá bhfuil an 'Ha'penny Bridge' agus conas a fuair sé a ainm?

_____

_____

6. Cén contaetha a bhí mar phríomhchathracha na hÉireann go dtí seo?

_____

7. Cad é an contae is lárnaí in Éirinn?

_____

8. Cé mhéad uair an chloig a oibríonn an gnáthdhuine in Éirinn sa lá?

_____

3.5 Gramadach: Forainmneacha Réamhfhoclacha

Forainm: Mé/tú/sé ...

Réamhfhocal: Ag/do/roimh ...

→ Forainm + Réamhfhocal = 'Forainm Réamhfhoclach'

Mar shampla:

Forainm		Réamhfhocal		Forainm Réamhfhoclach
Mé	+	Ag	=	Agam
Sí	+	Do	=	Di
Sibh	+	Roimh	=	Romhaibh

(a) Seo roinnt de na forainmneacha réamhfhoclacha is coitianta. An féidir leat na bearnaí a líonadh sa ghreille seo thíos?

	Ag	Ar	Chuig	Do	Faoi	Le	Ó	Roimh
Mé	Agam	Orm			Fúm	Liom		Romham
Tú	Agat		Chugat	Duit	Fút		Uait	Romhat
Sé	Aige	Air	Chuige	Dó		Leis	Uaidh	
Sí	Aici	Uirthi	Chuici	Di	Fúithi			Roimpi
Sinn		Orainn	Chugainn		Fúinn	Linn	Uainn	Romhainn
Sibh	Agaibh	Oraibh	Chugaibh	Daoibh	Fúibh		Uaibh	
Siad	Acu		Chucu	Dóibh		Leo	Uathu	Rompu

(b) Anois bain triail as na habairtí seo a chríochnú.

1. Chuir sí glaoch _____. (ar + sé)

2. Sheol mé litir _____. (chuig + siad)

3. Cén seoladh atá _____? (ag + sibh)

4. Tá fáilte mhór _____. (roimh + tú)

5. Níor chuala mé _____ (ó + sí) le fada.

6. Ar mhaith leat teacht _____? (le + sinn)

7. Inis _____ (do + mé) _____ (faoi + tú) féin.

8. Bhí gúna deas _____ (ag + sí) agus bhí éad _____. (ar + siad)

9. Seol téacs _____ (chuig + mé) agus is féidir leat labhairt _____. (le + mé)

10. Beidh am iontach _____ (ag + tú) nuair a bheidh tú _____. (le + siad)

(c) Cuir Gaeilge ar na habairtí seo.

1. Write to me at the weekend!

_____

2. We hope to hear from them soon.

_____

3. We were with them yesterday.

_____

4. He does not have any pets.

_____

5. You (plural) are very welcome.

_____

(d) Cuir Béarla ar na habairtí seo.

1. An raibh imní oraibh roimh an scrúdú?

_____

2. Déanfaidh mé cáca milis dó anocht.

_____

3. Bhí mo mham ag caint fúm ar an bhfón.

_____

4. Tar linn ar an turas amárach!

_____

5. Ní raibh cóisir agam anuraidh.

_____

3.6 Léamhthuiscint: Príosún Alcatraz

Tá clú agus cáil ar Oileán Alcatraz ar fud an domhain – bhí sé ina ábhar inspioráide ag an scríbhneoir JK Rowling fiú nuair a bhí sí ag scríobh faoi Phríosún *Azkaban* sna leabhair *Harry Potter*.

Ba phríosún é Oileán Alcatraz, atá anois ar cheann de na suíomhanna turasóireachta is mó sna Stáit Aontaithe. Seoladh na príosúnaigh ba chontúirtí sa tír anseo. Dá mbeadh príosúnach ag cothú fadhbanna i bpríosún stáit, bogadh go Alcatraz é. D'fheidhmigh sé mar phríosún le 29 bliain agus le linn na tréimhse sin, bhí 1,576 de na príosúnaigh ba dhainséaraí sna Stáit Aontaithe **i ngéibheann** ann. **Dúnmharaíodh** ocht bpríosúnach agus beirt ghardaí le linn na tréimhse sin.

Tharla briseadh amach cáiliúil ann ar an 11 Meitheamh 1962 nuair a d'éalaigh triúr príosúnach. Tar éis bliain oibre a dhéanamh faoi rún, chaill siad **meáchan**, dhreap siad amach trí ghaothair ina g**cillín** agus suas an **gaothaire aeir**, amach ar an díon. Níor gabhadh iad agus ní fhaca aon duine riamh arís iad.

Tá an t-oileán suite 2km ón mórthír ach tá an t-uisce eatarthu **nimhneach fuar**. Tá go leor **sruthanna** láidre, contúirteacha ann freisin, agus mar sin níl sé **indéanta** snámh ó cheann amháin go dtí an ceann eile.

(a) Gluais: cad is brí leis na focail seo?

I ngéibheann _____	Gaothaire aeir _____
Dúnmharaíodh _____	Nimhneach fuar _____
Meáchan _____	Sruthanna _____
Cillín _____	Indéanta _____

Focail nua eile a d'fhoghlaim tú:

_____

(b) Fíor nó Bréagach?

Ráiteas		Fíor ✔	Bréagach ✗
1.	Tá trácht déanta ar Alcatraz sa litríocht.		
2.	Seoladh príosúnaigh ó cheantar San Francisco anseo.		
3.	Bhí míle cúig chéad is seasca seacht príosúnach ann.		
4.	Dúnmharaíodh deichniúr sa phríosún.		
5.	Bíonn siorcanna ag snámh timpeall an oileáin.		

Alcatraz: Bris an Cód

Tá teachtaireacht rúnda le fáil anseo. Déan na suimeanna seo agus scríobh an litir cheart faoi gach suim chun an teachtaireacht a bhaint amach. Mar shampla:

6–3	7+4	12+7
C	Ó	D

Bain triail as seo a dhéanamh gan áireamhán a úsáid!

E	U	N	D	T	O	R	P	B	M	A	G	I	L	Ó	Ú	C	S	Í	É	H
13	4	6	19	5	15	20	40	12	17	2	9	16	8	11	21	3	22	7	14	10

9+10 16–3 4x4 10+10 7–2 10+3 5–3 26–6   3x3 6–2 4x5

_____   _____

7x2 4÷2 10–2 4–2 20–4 7+2 5x2   5–3 3x2   10÷2 10x2 12+4 7x3 4x5

_____   _____   _____

20x2 40÷2 22–15 3x5 11x2 20+1 3+3 1+1 6–3 8+2

_____

7+2 11+4   18–1 10+3 4x4 9÷3 21+1 14+2 6–3 16–3 20–5

_____   _____

3.7 Léamhthuiscint: Turas Bóthair – Highway 1

Is iomaí turas bóthair is féidir a dhéanamh i Meiriceá agus ar fud an domhain, agus is bealach iontach é le háit nua a fheiceáil. Léigh na pointí eolais seo amach os ard leis an duine atá in aice leat.

Turas bóthair atá an-cháiliúil is ea an turas bóthair ar Highway 1 in California i Meiriceá. Is bóthar é seo a leanann cósta California an tslí ar fad ó bharr go bun. **Aistear** 504 míle atá ann san iomlán chun dul ó San Francisco go San Diego má leanann tú Highway 1 agus tá an tAigéan Ciúin le feiceáil an tslí ar fad.

Is turas iontach ar fad é le h**aillte** arda agus tá **tírdhreach** dochreidte ann. Téann Highway 1 trí chathracha móra California agus tá tréithe, atmaisféar agus pearsantacht éagsúil ag gach cathair ar an mbealach.

Is í cathair San Francisco an chéad chathair mhór ar Highway 1. Is cathair ghnó bheomhar í San Francisco agus tá clú ar mhuintir na cathrach a bheith thar a bheith **réchúiseach** agus cairdiúil. Ar an taobh ó dheas de San Francisco tá Silicon Valley, an áit a bhfuil na comhlachtaí teicneolaíochta is mó ar domhan lonnaithe, ar nós Facebook, Google agus Netflix.

Is é Los Angeles an chéad chathair eile ar an mbóthar agus is í seo an chathair ina bhfuil an **earnáil teilifíse** agus scannánaíochta lonnaithe. Tá cónaí ar na réaltaí móra anseo.

Críochnaíonn an turas bóthair i gcathair San Diego agus cé gur chathair ghnó í, is cathair cois trá í freisin agus tá béim ar an saol cois farraige agus ar an tsurfáil sa cheantar seo. Turas **fíorálainn** é turas bóthair Highway 1, tá an-chuid le feiceáil agus le déanamh ar an mbealach agus is slí iontach í le stát California a fheiceáil.

(a) Gluais: cad is brí leis na focail seo?

Aistear _____   Réchúiseach _____

Aillte _____   Earnáil teilifíse _____

Tírdhreach _____   Fíorálainn _____

Focail nua eile a d'fhoghlaim tú:

_____

(b) Freagair na ceisteanna seo.

1. Cé chomh fada is atá an turas seo?

   _____

2. Cén fharraige atá in aice le Highway 1?

   _____

3. Cá tosaíonn an turas?

   _____

4. Cén fáth a bhfuil clú agus cáil ar Los Angeles?

   _____

5. Cuir na focail ón ngluais in abairtí anseo:

   (i) _____

   (ii) _____

   (iii) _____

   (iv) _____

   (v) _____

   (vi) _____

(c) Déan liosta anseo de na réaltaí Hollywood is fearr leat.

- _____
- _____
- _____
- _____
- _____

3.8 Scríobh: Turas Bóthair Brionglóideach

- Féach ar léarscáil an domhain atá ag tús an leabhair agus smaoinigh ar thuras brionglóideach ar mhaith leatsa a dhéanamh.
- Liostaigh na cathracha agus áiteanna a dtabharfá cuairt orthu ar an mbealach agus déan léarscáil/ plean don turas anseo.

Taighde Idirlín

Bain úsáid as *Google Maps* le fáil amach cé chomh fada is a bheadh an turas seo!

3.9 Léamh agus Comhrá: Cumann Lúthchleas Gael (CLG) Thar Lear

Cé gur cluichí **dúchasacha** iad cluichí CLG, ní in Éirinn amháin a imrítear iad. Tá go leor clubanna ar fud an domhain taobh amuigh d'Éirinn. Tá os cionn 140 club CLG i Meiriceá amháin fiú! Is féidir teacht ar chlubanna CLG in áiteanna chomh fada uainn leis an Afraic Theas fiú.

Cruthaíonn na clubanna spóirt seo **pobal** Gaelach thar lear do na hÉireannaigh. Cabhraíonn na clubanna thar lear le muintir na hÉireann bualadh le daoine nua, agus is slí iontach iad na cluichí le coimeád **aclaí**.

Bíonn sraitheanna agus **craobhacha réigiúnacha** ar siúl gach séasúr den bhliain idir na clubanna. Bíonn na himreoirí an-dáiríre faoi, ach baintear an-sult as na cluichí freisin – díreach mar a dhéanann muidne anseo in Éirinn!

(a) Gluais: cad is brí leis na focail seo?

Dúchasacha _____   Aclaí _____

Pobal _____   Craobhacha réigiúnacha _____

Focail nua eile a d'fhoghlaim tú:

_____

(b) Comhrá: Déan plé ar na ceisteanna seo leis an duine atá in aice leat.

1. An bhfuil clubanna Chumann Lúthchleas Gael i do cheantar? Cad is ainm dóibh?

2. An imríonn tú peil nó iomáint/camógaíocht le do chlub áitiúil?

3. An imríonn tú spóirt eile – sacar/rugbaí/gailf/haca/lúthchleasaíocht?

4. Cé mhéad uair sa tseachtain a bhíonn tú ag traenáil?

5. Céard iad na buntáistí a bhaineann le spórt a imirt?

6. Ar mhaith leat triail a bhaint as spórt nua?

Focail Nua:

(c) Cad is ainm do na himreoirí spóirt seo agus cén spórt a bhfuil baint acu leis?

Duine	Johnny Sexton					
Spórt	Rugbaí					

Taighde Idirlín

Téigh ar líne agus déan taighde ar clubanna CLG thar lear. Déan iarracht eolas a fháil ar chlubanna i dtrí thír éagsúla agus aimsigh an t-eolas seo fúthu.

	Club 1	Club 2	Club 3
Ainm an Chlub			
Tír agus Cathair			
Dathanna an Chlub			
Comórtais a bhuaigh siad/a nglacann siad páirt iontu			

3.10 Gramadach: Céimeanna Comparáide na hAidiachta

Grúpa 1

Aidiachtaí le siolla amháin iontu:

- Déantar na haidiachtaí seo a chaolú agus cuirtear 'e' ag an deireadh.

Bunchéim (Aidiacht)	Tá Seán *ard.*
Breischéim	Tá Cian *níos airde.*
Sárchéim	Is é Liam an duine *is airde.*

Aidiachtaí eile: Bán, bocht, bog, caol, dearg, fuar, glas, óg, sean.

Grúpa 2

Aidiachtaí a chríochnaíonn le 'ach':

- Bain an 'ach' agus cuir 'aí' nó 'í' ag an deireadh.

Bunchéim	Tá Maeve *díograiseach.*
Breischéim	Tá Tomás *níos díograisí.*
Sárchéim	Is é Jack an duine *is díograisí.*

Aidiachtaí eile: Baolach, cainteach, ciontach, cúramach, feargach, iontach, náireach, uaigneach.

Grúpa 3

Aidiachtaí a chríochnaíonn le 'úil':

- Bain an 'i' deireanach agus cuir 'a' ag an deireadh.

Bunchéim	Tá Caoimhe *dathúil.*
Breischéim	Tá Siobhán *níos dathúla.*
Sárchéim	Is í Neasa an duine *is dathúla* sa rang.

Aidiachtaí eile: Cáiliúil, cairdiúil, éirimiúil, flaithiúil, misniúil.

Grúpa 4

Aidiachtaí a chríochnaíonn le 'mhar':

- Breischéim: Cuir 'a' ag an deireadh.
- Sárchéim: Déan caolú agus cuir 'e' ag an deireadh.

Aidiacht	Tá Máire *ciallmhar.*
Breischéim	Tá Éamonn *níos ciallmhara.*
Sárchéim	Is é Ian an dalta *is ciallmhaire* sa rang.

Aidiachtaí eile: Bríomhar, ceolmhar, fíochmhar, grámhar, luachmhar.

Grúpa 5

Aidiachtaí a chríochnaíonn le guta:

- Ní thagann aon athrú ar an aidiacht.

Bunchéim	Tá Oscar *cineálta*.
Breischéim	Tá Eimear *níos cineálta*.
Sárchéim	Is í Nicola an duine *is cineálta*.

Aidiachtaí eile: Ceanndána, casta, cliste, crua, éasca, gránna.

Aidiachtaí le Céimeanna Neamhrialta acu:

Bunchéim	Breischéim	Sárchéim
Beag	Níos lú	Is lú
Deacair	Níos deacra	Is deacra
Fada	Níos faide	Is faide
Maith	Níos fearr	Is fearr
Mór	Níos mó	Is mó
Olc	Níos measa	Is measa
Te	Níos teo	Is teo

(a) Aistrigh na haidiachtaí atá idir lúibíní.

1. Is í Máire an cailín is (cairdiúil) _____ acu.

2. Is í seo an áit is (uaigneach) _____ ar domhan.

3. Seo é an cóta is (costasach) _____ sa siopa.

4. Sílim go bhfuil cispheil níos (tuirsiúil) _____ ná iomáint.

5. Cheap mé go raibh tú níos (ciallmhar) _____ ná sin.

6. Tá Pól níos (maith) _____ ná Peadar.

7. Is í an Ghaeilge an t-ábhar is (éasca) _____ sa scoil.

8. Bíonn an Afraic níos (te) _____ ná an tír seo.

9. Tá luch níos (beag) _____ ná francach.

10. Tá an scamall níos (bán) _____ ná sneachta.

(b) Cuir 'níos' nó 'is' roimh na haidiachtaí seo.

Cuir *níos* roimh na haidiachtaí seo:		Cuir *is* roimh na haidiachtaí seo:	
1. Sean		1. Cáiliúil	
2. Dorcha		2. Álainn	
3. Fuar		3. Ceolmhar	
4. Suimiúil		4. Tábhachtach	
5. Saibhir		5. Olc	

(c) Cuir Gaeilge ar na habairtí seo.

1. Music is my favourite subject. _____

2. Patrick is the youngest in the family. _____

3. Cork is the biggest city in Ireland. _____

4. George Ezra is my favourite singer. _____

5. 'Suits' is the best TV programme. _____

(d) Líon an ghreille seo thíos.

Bunchéim	Breischéim	Sárchéim
Sampla: Beag (*small*)	Sampla: Níos lú (*smaller*)	Sampla: Is lú (*smallest*)
1. Álainn (*lovely*)	Níos áille (*lovelier*)	
2. Bán		Is báine (*whitest*)
3. Brónach		
4. Cairdiúil		
5. Ceolmhar		
6. Ciúin		
7. Deas		
8. Dona		
9. Éasca		
10. Feargach		
11. Greannmhar		
12. Maith		
13. Mór		
14. Óg		
15. Sean		

3.11 Léamhthuiscint: Le Déanamh i Nua Eabhrac

Ionad Rockefeller

Is ilstórach spéire ollmhór é seo, atá lonnaithe ar Fifth Avenue in Manhattan. Tá rinc oighir agus roinnt bialann agus siopaí ag an Ionad Rockefeller ag leibhéal na sráide. Um Nollaig, bíonn crann Nollag taobh amuigh den fhoirgneamh a bhíonn maisithe ó bhun go barr.

Is féidir an t-ardaitheoir a fháil go dtí barr an Rockefeller, 'Top of the Rock', áit a bhfuil radhairc 360° den chathair le feiceáil.

An tIonad Domhanda Trádála

Tá an **pháirc chuimhneacháin** lonnaithe san áit a raibh na *Twin Towers* sular scriosadh iad in 2001. Tá dhá pholl chearnógacha ollmhóra ann ina n-áit anois le huisce **ag sileadh** iontu agus tá ainmneacha na ndaoine a maraíodh scríofa ina dtimpeall. Ní féidir ach a bheith lán le mothúcháin bhrónacha agus tú ag smaoineamh ar an méid a tharla ann.

Central Park

Tá clú agus cáil ar an bpáirc phoiblí seo atá lonnaithe faoi scáth na bhfoirgneamh ilstórach ar oileán Manhattan, Nua Eabhrac. Tá cúpla loch ann, mar aon le an-chuid páirceanna daorchluiche agus rinc le scátáil oighir a dhéanamh air.

Bíonn na mílte le feiceáil ann ag rith nó ag siúl ar na cosáin gach uile lá. Is áit shíochánta í le dul ar shiúlóid ann agus le héalú ón gcathair ghnóthach ar feadh tamaill.

Times Square agus Broadway

A bhuí le scannáin, cláir theilifíse agus na meáin chumarsáide, tá nach mór gach duine ar domhan tar éis súil a leagadh ar an gcearnóg cháiliúil Times Square ag am éigin. Meánlae nó meánoíche, is áit an-gheal í Times Square i gcónaí agus í gnóthach le na mílte ag dul tríd.

Sa cheantar céanna le Times Square, aimseofar Broadway, an áit ina bhfaightear an saol siamsaíochta beo i Nua Eabhrac. Tá os cionn céad **amharclann** éagsúil in Broadway agus ceoldráma, dráma, seó grinn, seó rince nó **taispeántas draíochta** ar siúl iontu gach uile oíche!

Siopadóireacht

Dar ndóigh, ní féidir dul go Nua Eabhrac gan píosa siopadóireachta a dhéanamh! Is ionad siopadóireachta **asraon** é 'The Mills' ag Jersey Gardens. Tá thart ar dhá chéad siopa anseo agus réimse leathan praghsanna agus brandaí ar fáil. Tá **lascainí** iontacha ar fáil i roinnt siopaí agus eitlíonn an-chuid Éireannach go Nua Eabhrac gach bliain díreach chun píosa siopadóireachta a dhéanamh!

(a) Gluais: cad is brí leis na focail seo?

Páirc chuimhneacháin _____   Taispeántas draíochta _____

Ag sileadh _____   Asraon _____

A bhuí le _____   Lascainí _____

Amharclann _____

Focail nua eile a d'fhoghlaim tú:

_____

(b) Cuir an focal ceart faoi gach pictiúr anseo.

Daorchluiche   Scátáil oighir   Ceoldráma

Ardaitheoir   Foirgnimh ilstóracha

1. _____ 2. _____ 3. _____ 4. _____ 5. _____

(c) Freagair na ceisteanna seo.

1. Ainmnigh trí chaitheamh aimsire atá luaite san alt.

_____

2. Cén ghníomhaíocht ar mhaith leatsa a dhéanamh as na rudaí a luadh san alt?

_____

_____

3. Ar mhaith leat dul go Nua Eabhrac? Cad iad na rudaí a dhéanfaidh tú ann?

_____

_____

4. Ainmnigh cúig scannán nó clár teilifíse atá lonnaithe i Nua Eabhrac.

_____

_____

(d) I do thuairim, cad í an áit is fearr in Éirinn chun …

1. Dul ag siopadóireacht: _____

2. Dul ar shiúlóid: _____

3. Radhairc a fháil de chathair: _____

4. Foghlaim faoi stair na tíre: _____

5. Ceoldráma a fheiceáil: _____

(e) Comhrá: Caithimh Aimsire

Cuir na ceisteanna seo ar an duine atá in aice leat.

1. Cad iad na caithimh aimsire atá agat?

2. Cad é an ceann is fearr leat?

3. Cén trealamh a bhíonn ag teastáil chun é a dhéanamh?

4. Cé chomh minic is a dhéanann tú é?

5. Cad iad na caithimh aimsire a dhéantar i do scoil?

6. An gceapann tú go bhfuil spórt/ceol tábhachtach i saol daoine óga?

7. Cad iad na buntáistí a bhaineann le spórt/léamh/ceol/féachaint ar an teilifís?

8. Déan cur síos ar an mbanna ceoil/leabhar/spórt/clár teilifíse/scannán is fearr leat.

9. An raibh tú riamh ag ceolchoirm/cluiche mór/ceoldráma/dráma? Déan cur síos air.

10. Cad a dhéanann tú chun cleachtadh coirp a fháil?

Focail Nua:

3.12 Dán: 'Mo Ghile Mear'

Cúlra 'Mo Ghile Mear'

- Bhí an dán seo scríofa ag an bhfile Seán Mac Domhnaill san 18ú céad. Bhí sé de nós ag daoine ag an am roinnt filíochta a chanadh, agus mar sin, tá cáil ar an dán na laethanta seo mar amhrán.

- Tá an dán scríofa ó mheon Éire mar tír. Ag an am, chaill an 'Bonnie' Prionsa Séarlas troid mhór ag Cath Culloden san Alban. Bhí na hAlbanaigh ag troid in aghaidh na Sasanaigh chun an tír a bhuachaint ar ais agus saoirseacht a bhaint amach, agus thug go leor Éireannaigh a gcuid tacaíochta do na hAlbanaigh chomh maith.

- Bhí Prionsa Séarlas mar laoch do an-chuid daoine toisc gur shiombal a bhí ann a throid in aghaidh na Sasanaigh – a bhí i gceannas ar Éire agus Alban ag an am. Nuair a chaill sé an cath seo, d'fhág Prionsa Séarlas an tír. Bhí brón an domhain ar mhuintir na hÉireann toisc go raibh sé mar shiombail dhóchais acu. Bhí siad in ísle brí toisc nár éirigh leis na Sasanaigh a shárú.

◆ **Anois léigh an dán agus ansin éist le leagan Seo Linn ar an idirlín agus foghlaim é.**

Mo Ghile Mear Le Seán Clárach Mac Domhnaill	*Mo Ghile Mear* (mínithe i nGaeilge shimplí)
Curfá: Sé mo laoch mo Ghile Mear 'Sé mo Chaesar, Ghile Mear, Suan ná séan ní bhfuaireas féin Ó chuaigh i gcéin mo Ghile Mear.	Is é mo laoch, Tá sé ar nós an Rí Caesar Nílim in ann dul a chodladh nó mo scíth a ligean Ó gur fhág sé muid.
Véarsa 1: Seal da rabhas im' mhaighdean shéimh, 's anois im' bhaintreach chaite thréith, Mo chéile ag treabhadh na dtonn go tréan De bharr na gcnoc is i n-imigéin.	Fadó bhí mé mar bhean dheas réchúiseach Ach anois táim croíbhriste, fágtha i m'aonair 'S mo stór ag taisteal ar an bhfarraige go tír eile Thar na cnoic agus i bhfad uaim.
Véarsa 2: Bímse buan ar buairt gach ló, Ag caoi go cruaidh 's ag tuar na ndeor Mar scaoileadh uaim an buachaill beó 's ná ríomhtar tuairisc uaidh, mo bhrón.	Bím ag siúl na bóithre gach lá Ag caoineadh agus ag síleadh na ndeor Mar gur fhág Prionsa Séarlas muid Agus ní chloisfimid uaidh arís.
Véarsa 3: Ní labhrann cuach go suairc ar nóin Is níl guth gadhair i gcoillte cnó, Ná maidin shamhraidh i gcleanntaibh ceoigh Ó d'imigh sé uaim an buachaill beó.	Níl na héin ag canadh a thuilleadh Tá na madraí ciúin is brónach freisin Tá an aimsir ghruama agus ceomhar Ó gur fhág ár laoch muid.

(a) Freagair na ceisteanna seo.

1. Conas a mhothaíonn an file sa dán seo?

_____

_____

_____

2. Conas go bhfuil a fhios againn go bhfuil an nádúr brónach freisin?

_____

_____

_____

3. Liostaigh dhá mhothúcháin eile atá sa dán.

_____

_____

4. Liostaigh trí théama den dán.

_____

_____

5. Cad é an téama is láidre sa dán? Tabhair fáth le do thuairim.

_____

_____

_____

_____

6. Luaigh fáth amháin ar thaitin an dán seo leat agus fáth nár thaitin an dán seo leat.

_____

_____

_____

_____

(b) Taighde Idirlín

Bhí an dán seo scríofa san 18ú céad. Déan taighde ar líne agus aimsigh eolas eile faoin saghas saol a bhí ag muintir na hÉireann ag an am sin agus na rudaí a tharla ann.

3.13 Comhrá: Sraith Pictiúr – Caithimh Aimsire

Baineann an tsraith pictiúr seo leis an iománaíocht agus traenáil. Féach air agus ansin labhair leis an duine atá in aice leat chun cur síos a dhéanamh air.

An Fhoireann ag cruthú go hiontach

Comórtas: Sraith Pictiúr a Chumadh

(a) Cruthaigh do shraith pictiúr féin anseo a bhaineann leis an gCaitheamh Aimsire is fearr leat.

(b) Nuair atá tú críochnaithe, iarr ar do chairde cur síos a dhéanamh ar an tsraith.

Pictiúr 1

Pictiúr 2

Pictiúr 3

Pictiúr 4

Pictiúr 5

Pictiúr 6

(c) Anois scríobh alt gearr chun cur síos a dhéanamh ar gach pictiúr i **do** shraith.

Pictiúr 1

Pictiúr 2

Pictiúr 3

Pictiúr 4

Pictiúr 5

Pictiúr 6

An Mhuir Chairib

Ábhar Clúdaithe

(lgh 82–104)

An Todhchaí, Ceol, Poist, Cultúr agus Laochra

- *Léamhthuiscint:* Áit Ársa i Guatamala
- *Foclóir:* Poist sa Ghaeilge
- *Comhrá agus Léamh:* Proifíl Éireannaigh agus a bPoist
- *Gramadach:* An Aimsir Fháistineach
- *Comhrá:* An Todhchaí
- *Léamhthuiscint:* Tuairisc Thaithí Oibre
- *Léamhthuiscint:* Saol Éagsúil Chúba
- *Scríobh:* Cultúr na hÉireann
- *Cluastuiscint:* Amhrán – Líon na Bearnaí
- *Dúshlán:* Amhrán a Aistriú go Gaeilge
- *Blag:* Mo Laoch – Usain Bolt
- *Blag:* Mo Laochra Féin

An raibh a fhios agat ...?

- Tá grúpa oileán suite sa Mhuir Chairib atá lonnaithe idir Meiriceá Thuaidh agus Meiriceá Theas.
- Tá os cionn 7,000 oileán sa réigiún agus 25 tír ann san iomlán.
- Labhraítear 6 theanga oifigiúla sa réigiún ach tá níos mó mionteangacha éagsúla ann freisin.
- Tá os cionn 40 milliún duine ina gcónaí sa réigiún seo.

4.1 Léamhthuiscint: Áit Ársa i Guatamala

> *Tikal*
>
> **1.** Tá taobh amháin de Ghuatamala lonnaithe sa Mhuir Chairib, agus tá Páirc Náisiúnta Tikal ar fáil ar an taobh seo den tír. Is cathair ársa í Tikal atá **lonnaithe** i lár na **foraoise**. Tá os cionn 3,000 seanfhoirgneamh agus teampall ollmhór ann déanta as clocha. Tá na teampaill os cionn 2,900 bliain d'aois. Cathair mhór a bhí ann fadó ach ní raibh cónaí ar aon duine ann le níos mó ná 1,000 bliain.
>
> **2.** Bhí an chathair seo mar **chroílár** an cheantair ó thaobh trádála de fadó. Bhí an chathair faoi cheilt san fhoraois ar feadh na gcéadta bliain go dtí gur aimsigh **taiscéalaí** í arís sa bhliain 1848. Is páirc náisiúnta anois é agus téann na mílte cuairteoir ann gach bliain.

(a) Gluais: cad is brí leis na focail seo?

Lonnaithe _____   Croílár _____

Foraois _____   Taiscéalaí _____

Focail nua eile a d'fhoghlaim tú:
_____

(b) Freagair na ceisteanna seo.

1. Cad é 'Tikal'?

_____

2. Cá bhfuil sé lonnaithe?

_____

3. Aimsigh:

(i) Sampla den bhreischéim in alt 1: _____

(ii) Sampla de réamhfhocal in alt 2: _____

Taighde Idirlín

Obair Bheirte: Smaoinigh ar shuíomh stairiúil i do cheantar féin. Úsáid an t-idirlíon le fáil amach cé chomh sean is atá an suíomh seo. Aimsigh trí phíosa eolais eile faoin suíomh.

Suíomh Stairiúil	
Aois	
Trí Phíosa Eolais	

4.2 Foclóir: Poist sa Ghaeilge

Tá cúpla focal ann le haghaidh poist sa Ghaeilge	
Uatha	**Iolra**
Post	Poist
Slí bheatha	Slite beatha
Gairm bheatha	Gairmeacha beatha

(a) Meaitseáil na poist seo leis an bpictiúr ceart.

Meicneoir	Eolaí	Rúnaí	Siopadóir	Iascaire
Altra	Freastalaí	Dlíodóir	Iriseoir	Siúinéir

1. _____ 2. _____ 3. _____ 4. _____ 5. _____

6. _____ 7. _____ 8. _____ 9. _____ 10. _____

(b) Obair Bheirte: Oibrigh leis an duine atá in aice leat agus déan liosta de na poist ar fad atá ar eolas agaibh.

(c) Crosfhocail: déan an crosfhocal seo a bhaineann le poist.

Trasna

4. Cuireann an duine seo na gadaithe sa phríosún.

5. Tógann an duine seo foirgnimh.

6. Bíonn an duine seo ag plé leis an dlí.

8. Múineann an duine seo daltaí.

10. Cuireann an duine seo leigheas ar ainmhithe.

Síos

1. Cuireann an duine seo leigheas ort.

2. Bíonn an duine seo ag seinm ceol.

3. Bíonn an duine seo ag obair le fiacla daoine.

7. Bíonn an duine seo ag obair le hainmhithe cosúil le bó agus caora.

9. Oibríonn an duine seo le hadhmad.

4.3 Comhrá agus Léamh: Proifíl Éireannaigh agus a bPoist

Briain De Lása: Innealtóir Bithleighis

Dia dhaoibh, Briain is ainm dom agus tá cónaí orm i nGaillimh.
Is **innealtóir bithleighis** mé agus tá mé ag obair in Ollscoil na hÉireann
Gaillimh ag déanamh taighde faoi láthair.

Chríochnaigh mé **céim** san Innealtóireacht bhithleighis anuraidh.
Is cúrsa ceithre bliana é anseo i nGaillimh agus is cúrsa an-suimiúil é.
D'fhoghlaim muid conas **fadhbanna leighis a réiteach**.

Bhí deis agam roinnt de mo ranganna a dhéanamh trí mheán
na Gaeilge in Ollscoil na hÉireann Gaillimh. D'fhreastail mé ar
na léachtaí innealtóireachta a bhí ar fáil trí mheán na Gaeilge
agus tháinig feabhas mór ar mo chuid Gaeilge. **Bhí fonn orm**
mo chuid Gaeilge a fheabhsú ionas go bhféadfainn post
samhraidh a fháil ag obair sa Ghaeltacht i Maigh Eo.

Is campas **dátheangach** é Ollscoil na hÉireann Gaillimh,
tá Gaeilge le cloisteáil ar fud na háite. Tá an Ollscoil lonnaithe
in aice le Gaeltacht Chonamara. Cuireann an Ollscoil léachtaí
ar fáil trí mheán na Gaeilge le freastal ar na daltaí a thagann ón
nGaeltacht agus iad siúd a bhfuil Gaeilge acu.

Chomh maith leis seo tá an **Cumann Gaelach** san Ollscoil an-ghníomhach
agus bíonn an-chuid imeachtaí ar siúl acu i rith na bliana.

(a) Gluais: cad is brí leis na focail seo?

Innealtóir bithleighis _____   Bhí fonn orm _____

Céim _____   Dátheangach _____

Fadhbanna leighis a réiteach _____   Cumann Gaelach _____

Focail nua eile a d'fhoghlaim tú:
_____
_____

(b) Freagair na ceisteanna seo.

1. Cén saghas innealtóireachta a ndearna Briain staidéar air?

_____

2. Cén fáth a raibh Briain ag iarraidh a chuid Gaeilge a fheabhsú?

_____

3. Cén Ghaeltacht atá in aice le hOllscoil na hÉireann Gaillimh?

_____

Ruth Ní Fhionnlaigh: Dlíodóir

Haigh, a chairde, is mise Ruth agus is as Baile Átha Cliath dom. Is **dlíodóir cáilithe** mé agus tá mé ag obair le **comhlacht mór** anseo i lár na cathrach.

Chuaigh mé go dtí Coláiste na hOllscoile Baile Átha Cliath agus rinne mé staidéar ar an dlí ann. Is cúrsa trí bliana é. Bhí orm tuilleadh staidéir a dhéanamh i bPlás Blackhall sula raibh mé iomlán cáilithe mar dhlíodóir. Fad is a bhí mé ag déanamh staidéir i bPlás Blackhall, bhí deis agam rang breise a dhéanamh sa Ghaeilge.

D'fhoghlaim mé an seanfhocal 'tír gan teanga tír gan anam' nuair a bhí mé sa mheánscoil, agus creidim go láidir go bhfuil an Ghaeilge **fíorthábhachtach** dár gcultúr. Dá bharr sin, rinne mé an modúl breise sa Ghaeilge, agus anois tá mé in ann obair a dhéanamh ar son mo chuid **cliant** i nGaeilge.

Is í an Ghaeilge an chéad teanga sa tír de réir Bhunreacht na hÉireann agus tá sé mar cheart oifigiúil ag gach duine **ionadaíocht** dlí a fháil i nGaeilge. Is féidir liom é sin **a sholáthar** anois agus tá cúpla cliant agam anois a dhéanann a ngnó ar fad liom trí Ghaeilge.

Tugann sé seo deis dom mo chuid Gaeilge a labhairt agus a úsáid i mo phost, agus is breá liom é sin!

(a) Gluais: cad is brí leis na focail seo?

Dlíodóir cáilithe _____	Cliant _____
Comhlacht mór _____	Ionadaíocht _____
Fíorthábhachtach _____	A sholáthar _____

Focail nua eile a d'fhoghlaim tú:

_____

(b) Freagair na ceisteanna seo.

1. Cén post atá ag Ruth?

   _____

2. Cá ndeachaigh Ruth ar an gcoláiste?

   _____

3. Céard is féidir léi a chur ar fáil dá cuid cliant?

   _____

Cluiche: Searáidí

- Smaoinigh ar phost agus déan geáitsíocht (*miming*) chun an post sin a mhíniú don duine atá in aice leat. (Níl cead agat aon focal a rá!)
- Tá 20 soicind ag do pháirtí chun buile faoi thuairim a dhéanamh. Má deir siad an post ceart, faigheann siadsan pointe amháin. Muna ndeir siad an post ceart, faigheann tú féin pointe amháin.
- Ansin déanfaidh do pháirtí geáitsíocht do phost eile agus beidh ortsa buile faoi thuairim a dhéanamh faoin bpost sin.
- Déan cúig bhabhta de seo agus ansin comhair na pointí chun an buaiteoir a ainmniú!

Pointí Duine 1	Pointí Duine 2

4.4 Gramadach: An Aimsir Fháistineach

(a) An cuimhin leat na rialacha a bhaineann leis an Aimsir Fháistineach? Déan plé ar na rialacha leis an duine atá in aice leat. Úsáid an spás seo chun na rialacha a scríobh síos.

Briathra Rialta san Aimsir Fháistineach	
An Chéad Réimniú	An Dara Réimniú

(b) Scríobh an leagan ceart den bhriathar do na habairtí seo. (*Úsáid an Aimsir Fháistineach.*)

1. (Díol) _____ Seán a rothar an Luan seo chugainn.
2. (An bris) _____ sí na fuinneoga amárach?
3. (Féach) _____ siad ar an teilifís anocht.
4. (Ceartaigh) _____ an múinteoir an obair bhaile níos déanaí.
5. (Ní fág) _____ sé a mhála sa bhaile arís.
6. (Bailigh) _____ mé an páipéar ón siopa nuachtáin.
7. (An clúdaigh) _____ Pól an leabhar le píosa páipéir?
8. (Ní ceannaigh) _____ Síle iasc san ollmhargadh ar ball.
9. (Fill) _____ siad abhaile ag an deireadh seachtaine.
10. (Ní ullmhaigh) _____ tú an dinnéar i gceart um thráthnóna.

(c) Anois smaoinigh ar na Briathra Neamhrialta agus líon an bosca seo thíos.

Briathra Neamhrialta san Aimsir Fháistineach			
Briathar	Ceisteach?	Dearfach	Diúltach
Abair	An ndéarfaidh?	Déarfaidh	Ní déarfaidh
Bí			
Beir			
Ith			
Faigh			
Tar			
Tabhair			
Téigh			

Nóta: Úsáidtear na gnáthrialacha do na briathra: Clois, Déan, Feic.
Mar shampla: Cloisfidh siad an ceol. Ní dhéanfaidh siad an obair bhaile.

(d) Scríobh an leagan ceart den bhriathar do na habairtí seo. (*Úsáid an Aimsir Fháistineach.*)

1. An (déan) _____ tú an obair sin anocht?
2. (Ith) _____ siad an dinnéar ag a seacht a chlog.
3. Ní (tabhair) _____ an múinteoir aon aird ar ball.
4. An (bí) _____ ocras ort ag deireadh an lae?
5. Ní (téigh) _____ sí amach i rith na seachtaine.
6. (Abair) _____ mé an scéal leat amárach.

7. (Faigh) _____ sé fón nua dá bhreithlá.

8. An (tar) _____ sibh abhaile tar éis an chluiche?

9. (Téigh) _____ mé chuig an bpictiúrlann ag an deireadh seachtaine.

10. An (faigh) _____ mé aon rud duit sa siopa?

(e) Aistriúchán

1. Liostaigh na briathra atá ag teastáil do gach abairt thíos.

2. Aistrigh na habairtí go Gaeilge.

Bí cúramach: tá meascán de bhriathra rialta agus neamhrialta anseo.

1. She will not see her friend every Thursday. **Ní fheicfidh sí a cara gach Déardaoin.**	**Feic**
2. Seán will not be listening to music tonight.	**Bí**
3. My aunt will come here on holidays next summer.	
4. She will not give me money next week.	
5. We will enjoy watching movies at the weekend.	
6. She will buy a ticket at the match.	
7. They will not sing songs in school.	
8. My mother will prepare my lunch tonight.	
9. I will not lose that competition on Sunday!	
10. I will do my homework every day.	

(f) Cruthaigh ceisteanna do na freagraí seo.

Ceisteanna	Freagraí
Sampla: **An bhfillfidh siad abhaile tar éis scoile?**	Fillfidh siad
1.	Ní fhágfaidh sé
2.	Rachaidh siad
3.	Ní bheidh mé
4.	Pósfaidh sí
5.	Gheobhaidh tú

(g) Comhrá: An Todhchaí

Cuir na ceisteanna seo ar an duine atá in aice leat.

1. Cad a dhéanfaidh tú tar éis scoile inniu?

2. Cad a dhéanfaidh tú don samhradh?

3. Cad a dhéanfaidh tú nuair a chríochnóidh tú an Ardteistiméireacht?

4. Cad a dhéanfaidh tú ag an deireadh seachtaine?

5. Cad a dhéanfaidh tú ar thaithí oibre na hidirbhliana?

6. Cad a íosfaidh tú don lón/dinnéar inniu?

7. An bhféachfaidh tú ar an teilifís an tseachtain seo?

8. An rachaidh tú ar aon turas scoile i mbliana?

9. Cad a gheobhaidh tú don Nollag/do do bhreithlá?

10. An mbeidh tú brónach nuair a chríochnaíonn an idirbhliain?

Focail Nua:

(h) Scríobh cúpla tuar (*prediction*) faoi do shaol mar a bheidh sé i gceann fiche bliain. (Smaoinigh faoi na rudaí seo: post, teaghlach, áit chónaithe, caithimh aimsire, saol laethúil.)

Mo Shaol i gCeann 20 Bliain

4.5 Léamhthuiscint: Tuairisc Thaithí Oibre

Tuairisc Thaithí Oibre

Ainm:	Aoibh Ní Chionnaith
Dátaí:	11–16 Samhain
Áit:	Siopa Leabhar Tall Tales, Sráid Glas, Leitir Ceanainn, Dún na nGall
Uaireanta Oibre:	Luan–Aoine, 9:00–15:00
Am Lóin:	13:15–14:00
Bainisteoir:	Mairéad Ní Lorcáin
Éide:	Léine bhán, brístí agus bróga dubha

Dualgais

- Airgead a chur sa scipéad gach maidin.
- Leabhair nua a fháil ón seomra stoic.
- Praghaslipéad a chur ar leabhair nua.
- Leabhair nua a chur ar na seilfeanna sa siopa.
- Na leabhair a eagrú de réir ord aibítre.
- Cabhair a thabhairt do chustaiméirí leabhair a aimsiú.
- An córas ríomhaireachta a úsáid chun leabhair a lorg.
- Na seilfeanna a ghlanadh.
- An t-urlár a scuabadh.

Scileanna Nua a d'Fhoghlaim Mé

✔ Conas scipéad a oscailt.

✔ Conas córas ríomhaireachta speisialta a úsáid.

Trí Tréithe a Bhí ag Teastáil don Phost

1. Foighne – chun déileáil le páistí beaga ag rith timpeall an tsiopa.
2. Saineolas – chun bheith in ann moltaí leabhair a thabhairt do na custaiméirí.
3. Cairdiúil – chun fáilte a chur roimh chustaiméirí agus cabhair a thabhairt dóibh.

An Rud is Fearr Liom Faoin bPost

Ag caint le custaiméirí faoi leabhair dhifriúla. Bhí mé ábalta mo thuairimí féin a roinnt leo faoi leabhair éagsúla agus fuair mé cúpla moladh freisin de leabhair nár chuala mé fúthu roimhe sin.

Rud Nár Thaitin Liom Faoin bPost

Níor thaitin sé liom bheith ag scuabadh an urláir mar bhí sé deacair é a dhéanamh nuair a bhí custaiméirí ag siúl timpeall an tsiopa agus bhí eagla orm go dtarlódh timpiste.

(a) Léigh Tuairisc Thaithí Oibre Aoibh agus freagair na ceisteanna seo.

    1. Cé mhéad uair an chloig a d'oibrigh Aoibh gach lá?

    _____

    _____

    2. I do thuairim, céard é an dualgas ba thábhachtaí a bhí ar Aoibh?

    _____

    _____

    3. An gceapann tú go mbeadh aon tréithe eile ag teastáil don phost seo?

    _____

    _____

    4. Ar mhaith leat post mar seo a dhéanamh? Cén fáth?

    _____

    _____

(b) Céard iad na tréithe pearsanta atá agat? Cuir ord ar na tréithe seo de réir mar atá siad ionat: 1 = an tréith is láidre atá agat, 10 = Níl an tréith seo agam in aon chor.

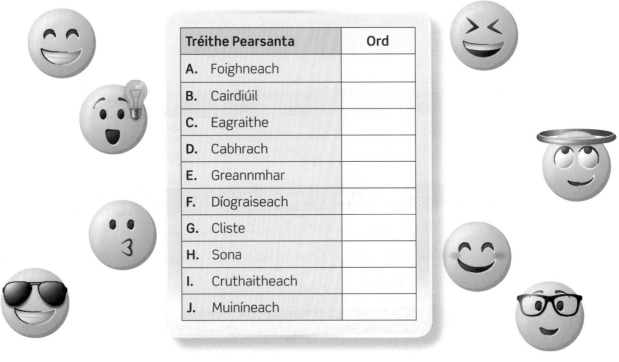

Tréithe Pearsanta	Ord
A. Foighneach	
B. Cairdiúil	
C. Eagraithe	
D. Cabhrach	
E. Greannmhar	
F. Díograiseach	
G. Cliste	
H. Sona	
I. Cruthaitheach	
J. Muiníneach	

(c) An bhfuil aon tréithe eile agat?

_____

_____

_____

_____

(d) Anois scríobh do thuairisc féin faoi thréimhse taithí oibre a rinne tú i mbliana.

Tuairisc Thaithí Oibre

Ainm:

Dátaí:

Áit:

Uaireanta Oibre:

Am Lóin:

Bainisteoir:

Éide:

Dualgais

Scileanna Nua a d'Fhoghlaim Mé

Trí Tréithe a Bhí ag Teastáil don Phost

An Rud is Fearr Liom Faoin bPost

Rud Nár Thaitin Liom Faoin bPost

4.6 Léamhthuiscint: Saol Éagsúil Chúba

1. Is tír an-suimiúil é Cúba, oileán atá lonnaithe sa Mhuir Chairib, lán le stair agus cultúr. Tá an ceannaire réabhlóideach Ché Guevara fós mar phríomhlaoch muintir Chúba – tá sé seo an-soiléir ó na mílte pictiúr atá tarraingthe de ar bhallaí i sráideanna timpeall na tíre. Tá stair láidir ag Cúba, agus is tír **chumannach** í ó bhlianta na réabhlóide. Tá tromlach na ndaoine an-sásta fós leis an saol cumannach atá acu. Níl mórán saibhris le feiceáil sa tír, ach ar an lámh eile, níl mórán **daoine gan dídean** ann ach an oiread.

Tá roinnt tithe agus foirgneamh an-sean nó ag titim as a chéile, ach fós féin, tá teach ag nach mór gach teaghlach, tá post ag nach mór gach duine, tá ráta **litearthachta** 100% sa tír, agus ar an iomlán, tá muintir Chúba an-sásta lena saolta.

2. Nós a bhaineann leis an gcumannachas ná rudaí a **chaomhnú** más féidir, in áit iad a chaitheamh amach; má bhristear rud éigin, deisítear é. Tá sé seo ar cheann de na cúiseanna a bhfuil na seancharranna móra ó na 50í agus 60í fós á dtiomáint ag na Cúbaigh! Tá roinnt de na gluaisteáin an-sean ach tugtar aire mhaith dóibh, agus carranna fíoráille clasaiceacha atá iontu.

3. Tá clú agus cáil ar Chúba dá **thodóga** agus buidéil rum, agus gach bliain díolann siad na milliúin díobh le tíortha eile, chomh maith le méid mór siúcra agus ola. Tá **trádbhac** i bhfeidhm idir Cúba agus na Stáit Aontaithe, áfach, rud a chiallaíonn nach bhfuil aon **táirgí** Meiriceánacha ar fáil i gCúba. Ní dhéanann Cúba iompórtáil ar mhórán táirgí in aon chor; tá a mbranda féin cóla agus criospaí acu, mar shampla níl aon **sreanga mearbhia** le fáil ann, ní dhíolann siad ach éadaí a dhéantar taobh istigh den tír, agus níl teacht éasca acu ar chláir theilifíse idirnáisiúnta ná suíomhanna idirlín. Níl a lán ollmhargaí ar fáil i gCúba ach oiread; níl ach cúpla áit ar féidir bia a cheannach taobh amuigh de bhialanna oifigiúla. Ina ionad sin, déantar an-chuid malartú **earraí** i ngach baile sa tír; má tá cearca agus uibheacha ag duine éigin, déanfaidh siad margadh le duine eile atá ag díol torthaí nó feoil, agus sin mar a dhéanann an-chuid de na Cúbaigh a gcuid siopadóireachta!

4. Anuas ar an easpa trádála, ní dhéantar mórán teagmhála i gCúba leis an gcuid eile den domhan. Níl teacht ar 3G ná 4G sa tír, agus is fíorannamh a thiocfá ar an idirlíon ann-WiFi ná caiféanna ríomhaireachta. Níl aon WiFi saor in aisce ar fáil. Is féidir cártaí idirlín a cheannach i gcúpla siopa faoi leith, a ligfidh duit an t-idirlíon a úsáid ann le haghaidh uair an chloig, ach níl mórán áiteanna mar sin ar fáil sa tír.

5. Seans gur bhuí leis an easpa teagmhála leis an gcuid eile den domhan go bhfuil cultúr an-saibhir i gCúba. Tá go leor iarsmalann ansin, agus na mílte siopa agus stiúideo ealaíne. Is minic a úsáidtear ballaí sráide mar chanbhás ealaíne, agus tá an-chuid ealaín sráide álainn le feiceáil i ngach baile ann. Anuas air sin, is tír lán le ceol é Cúba, ní gá ach siúl 50 méadar in aon treo agus cloisfidh tú ceol beo *latino*. Bogann ceoltóirí ó bhialann go bialann agus ó bheár go beár agus iad ag seinm a gcuid uirlisí is ag canadh. Is minic a thosaíonn daoine ag damhsa ar na sráideanna má tá ceoltóirí spreagúla le cloisteáil!

Cé go bhfuil an-chuid difríochtaí ann idir an saol i gCúba agus an saol in Éirinn, is tír an-spéisiúil í, atá lán le ceol agus cultúr!

(a) Gluais: cad is brí leis na focail seo?

Cumannach _____	Trádbhac _____
Daoine gan dídean _____	Táirgí _____
Litearthacht _____	Sreanga mearbhia _____
Caomhnú _____	Earraí _____
Todóga _____	

Focail nua eile a d'fhoghlaim tú:
_____

(b) Freagair na ceisteanna seo.

1. Cé hé príomhlaoch an Chúba? (Alt 1)

   _____

   _____

2. Cén fáth a bhfuil muintir na tíre sásta lena saol? (Alt 1)

   _____

   _____

   _____

3. Cad a dhéanann na Cúbaigh le carranna? (Alt 2)

   _____

   _____

4. Ainmnigh trí tháirge a ndéanann Cúba easpórtáil orthu. (Alt 3)

   _____

5. Conas a dhéanann na Cúbaigh a gcuid siopadóireachta? (Alt 3)

_____

_____

_____

6. Conas is féidir an t-idirlíon a úsáid sa tír? (Alt 4)

_____

_____

_____

7. Cén áit a mbíonn ealaín le feiceáil i gCúba? Luaigh dhá áit. (Alt 5)

_____

_____

 (c) Cúinne na Gramadaí: aimsigh samplaí de ...

Aimsigh Samplaí de ...	1.	2.
1. Dhá aidiacht (Alt 1)		
2. Dhá shaorbhriathar (Alt 2)		
3. Dhá fhorainm réamhfhoclach (Alt 3)		
4. Dhá ainmfhocal san uimhir iolra (Alt 4)		
5. Dhá ainmbhriathartha (Alt 5)		

(d) I do thuairim féin ...

1. Cad is brí le 'ráta litearthachta 100%'?

_____

_____

2. Cad iad na difríochtaí is mó idir Éire agus Cúba, dar leat?

Éire	Cúba

3. Ar mhaith leat a bheith i do chónaí i gCúba? Cén fáth?

4. Cad iad na táirgí is mó a ndéanann Éire easpórtáil agus iompórtáil orthu?
(Aimsigh na freagraí ar líne más gá.)

Táirgí Iompórtáilte	Táirgí Easpórtáilte
1.	1.
2.	2.
3.	3.

5. An bhfuil cultúr láidir againn in Éirinn? Luaigh cúig nós (*habits/traditions*) éagsúla atá láidir sa tír.

(i)

(ii)

(iii)

(iv) _____

_____

(v) _____

_____

 (e) Comhrá: Cultúr agus Ceol

Déan plé ar na ceisteanna seo leis an duine atá in aice leat.

1. Cad é an rud is fearr leat faoi Éire?

2. An gceapann tú go bhfuil cultúr láidir againn anseo?

3. An gceapann tú gur áit mhaith í Éire le teacht ar saoire? Cén fáth?

4. An tír mhaith í Éire le haghaidh ceoil?

5. An mbíonn mórán féilte/ceolchoirmeacha ar siúl sa tír?

6. An mbíonn mórán ceolchoirmeacha/seisiúin cheoil ar siúl i do cheantar?

7. I do thuairim, cé hiad na hamhránaí/bannaí ceoil Éireannacha is fearr?

8. An bhfuil sé éasca dul ar líne in Éirinn?

9. Cad é an suíomh/aip a mbaineann tú an méid is mó úsáid aisti?

10. An gceapann tú go gcaitheann Éireannaigh an iomarca ama ar líne?

Focail Nua:

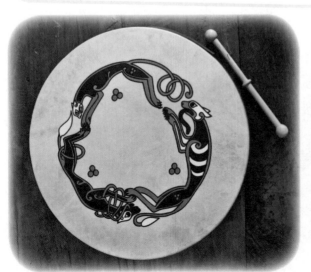

4.7 Cluastuiscint: Amhrán – Líon na Bearnaí

(a) Éist leis an amhrán seo thíos agus líon na bearnaí.

(b) Anois déan iarracht an t-amhrán a fhoghlaim leis an rang!

Ar Scáth a Chéile

Le Seo Linn

(Ag) Luí amach, faoi thaitneamh na gréine
Aon aoibh amháin, ag tarraingt _____
Siúil ár slí, an t-aon chine daonna
Lámh i _____,
is féidir aon cheo a _____

Oh oh oh oh.

Ar scáth a chéile, faoi theas na gréine
Ar scáth a chéile, faoi bhrat na _____
Ar scáth a chéile, faoi theas na gréine
Ar scáth a chéile, faoi bhrat na spéire

Taobh le _____,
ag foghlaim 's ag fás
Damhsa 's spraoi, ár gcaidreamh faoi _____
Le chroí amháin, an t-anam ag _____
Díocas mór i _____ na bpáistí

4.8 Dúshlán: Amhrán a Aistriú go Gaeilge

Cad é an t-amhrán is fearr leat? Roghnaigh amhrán leis an duine atá in aice leat agus oibrigh le chéile chun an t-amhrán a aistriú go Gaeilge sa spás seo.

Teideal an Amhráin:
Amhránaí/Banna Ceoil a Chanann é:
Teideal Gaeilge:
Na Liricí

4.9   Blag: Mo Laoch – Usain Bolt

Haigh a chairde! Conas atá sibh inniu? Is breá liom an lúthchleasaíocht agus mar sin, is é Usain Bolt an laoch is mó atá agam.

Rugadh Usain St Leo Bolt i mí Lúnasa, 1986. Tá deartháir agus deirfiúr amháin aige, agus tá siopa grósaera ag a dtuismitheoirí.

D'imir sé **cruicéad** nuair a bhí sé sa mheánscoil, agus bhí sé an-mhaith ag an spórt sin. D'aithin an bainisteoir go raibh sé an-tapa, áfach, agus mhol sé dó triail a bhaint as an lúthchleasaíocht. Thosaigh Bolt ag rith agus bhí an-tallann aige. Ghlac sé páirt sa **Chraobhchomórtas** Domhanda Sóisearach sa Lúthchleasaíocht i mí Iúil, 2002, agus bhuaigh sé an rás 200m. B'shin tús leis an **rath** idirnáisiúnta a bheadh air.

Ba é an chéad duine riamh chun **curiarrachtaí** domhanda a bhriseadh don 100m agus 200m sna Cluichí Oilimpeacha. Bhuaigh sé trí bhonn óir ag na Cluichí Oilimpeacha i mBéising in 2008, in Londain in 2012, agus arís in Rio in 2016; 9 m**bonn óir** san iomlán!

Tá cúpla curiarracht fós aige; in 2009 ag Craobhchomórtas Lúthchleasaíochta an Domhain, rith sé 100m i 9.58 soicind agus chríochnaigh sé an rás 200m i 19.19 soicind.

Is breá leis **mearbhia**, agus is iad **cnaipíní sicín** ó McDonalds an bia is fearr leis. D'**admhaigh** sé gur ith sé níos mó ná 1,000 cnaipín sicín thar dheich lá ag na Cluichí Oilimpeacha i mBéising in 2008 – sin cúig bhosca de 20 cnaipín gach lá!

Tá a bhialann féin aige anois i bpríomhchathair na hIamáice, Kingston. 'Usain Bolt's Tracks & Records' is ainm don áit. Is beár spóirt é le os cionn 45 scáileán teilifíse ann, agus bíonn ceol lamácach á sheinm ann i gcónaí.

Ceapaim gur duine iontach é Usain Bolt mar tá éachtaí dochreidte bainte amach aige ina shaol agus sílim gur eiseamláir an-mhaith é do dhaoine óga.

(a) Gluais: cad is brí leis na focail seo?

Cruicéad _____

Craobhchomórtas _____

Rath _____

Curiarracht _____

Bonn óir _____

Mearbhia _____

Cnaipíní sicín _____

Admhaigh _____

Focail nua eile a d'fhoghlaim tú:

_____

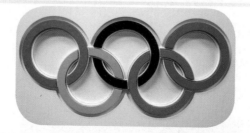

(b) Freagair na ceisteanna seo.

1. Cén aois é Usain Bolt anois?

_____

2. Cén fáth ar thosaigh sé ag rith?

_____

3. Cén aois a bhí sé nuair a bhuaigh sé an rás 200m sa Chraobhchomórtas Domhanda Sóisearach?

_____

4. Luaigh curiarracht amháin atá aige.

_____

5. An gceapann tú gur ainm maith é 'Tracks & Records' dá bhialann? Cén fáth?

_____

_____

(c) Cé hé/hí an laoch is mó atá agat sna catagóir seo thíos?

Catagóir	Mo Laoch
1. Pearsa sport	
2. Ceoltóir/Amhránaí	
3. Polaiteoir	
4. Aisteoir	
5. Carachtar scannáin	
6. Éireannach	
7. Duine stairiúil	
8. I do shaol pearsanta	

(d) Comhrá: Úsáid do Shamhlaíocht

Déan plé ar na ceisteanna seo leis an duine atá in aice leat.

1. Beidh tú ag bualadh leis an triúr cáiliúil is fearr leat ag an deireadh seachtaine le haghaidh lóin. Cén triúr a bheidh ann agus cén fáth?

2. Beidh ort 1,000 cuid d'aon saghas bia a ithe amárach. Cén bia a bheidh agat?

3. Beidh do bhialann féin agat nuair a bheidh tú níos sine. Cén t-ainm a bheidh ar an áit?

Focail Nua:

4.10 Blag: Mo Laochra Féin

(a) Scríobh blag faoin laoch is mó atá agat agus tabhair roinnt eolais shuimiúil faoi/fúithi. Is féidir taighde a dhéanamh ar an idirlíon más gá.

(b) Ansin greamaigh pictiúr isteach den duine (nó tarraing pictiúr de/di) sa bhosca.

Mo Laoch

AONAD 5

Meiriceá Láir

Ábhar Clúdaithe

(lgh 106–136)

Aimsir, Turais Idirbhliana, Contaetha, An Timpeallacht, Fadhbanna an Domhain

- *Léamhthuiscint:* Eachtraí Éagsúla i Nicearagua
- *Cluastuiscint:* An Saol san Idirbhliain
- *Scríobh:* Tuairisc ar Eachtraí Idirbhliana
- *Gramadach:* Uimhreacha
- *Cluiche:* Biongó
- *Léamhthuiscint:* Cósta Ríce Lán le Dúlra
- *Comhrá:* An Timpeallacht
- *Scríobh:* Fadhbanna agus Réitigh an Domhain
- *Dán:* 'Tír na nÓg'

- *Gramadach:* An Modh Coinníollach
- *Comhrá:* Cad a Dhéanfá …?
- *Léamhthuiscint:* Parthas i bPanama
- *Scríobh:* Mo Pharthas Pearsanta
- *Lúbra Focal*
- *Léamhthuiscint:* Canáil Phanama
- *Comhrá agus Scríobh:* Smaointe agus Táirgí Nua
- *Sraith Pictiúr:* Lá Eachtraí
- *Cluiche:* Catagóirí

An raibh a fhios agat …?

- ◆ Tá an réigiún seo lonnaithe idir Meiriceá Thuaidh agus Meiriceá Theas.
- ◆ Tá seacht dtír ann san iomlán sa réigiún seo.
- ◆ Is iad an Spáinnis agus an Béarla na teangacha oifigiúla a labhraítear anseo, ach tá an-chuid mion-teangacha eile a labhraítear ann freisin.
- ◆ Tá os cionn 48 milliún duine ina gcónaí ann.

5.1 Léamhthuiscint: Eachtraí Éagsúla i Nicearagua

Tá os cionn fiche **bolcán** suite i Nicearagua agus tá roinnt díobh fós beo. **Phléasc** dhá cheann acu chomh déanach le 2012! Dar ndóigh, tá an-chuid dainséir i gceist leis na cinn seo, ach téann na mílte turasóir go Nicearagua gach bliain chun féachaint ar na bolcáin, agus tá cúpla imeacht is féidir a dhéanamh ar roinnt díobh!

'Clármharcaíocht ar Bholcán' (volcano boarding): Cerro Negro in León

Is féidir an eachtra seo a dhéanamh ar an mbolcán Cerro Negro sa bhaile León. Is é 1999 an uair dheireanach a phléasc an bolcán seo!

Is féidir **síob** a fháil le comhlacht turasóireachta go bun an bholcáin. Tugtar bord adhmaid duit, agus caithfidh tú an bolcán a dhreapadh ag iompar do bhoird ar do dhroim, ach is siúlóid réasúnta éasca é seo. Is féidir an bolcán beo a fheiceáil nuair a shroicheann tú barr an tsléibhe; tá an talamh fút chomh te gur féidir ubh a **fhriochadh** air!

Ansin, suíonn tú ar do bhord agus sleamhnaíonn tú síos an sliabh ar fad – fé mar a dhéanfá sa sneachta – seachas go bhfuil tú ag sleamhnú síos ar an **luaithreach** de bholcán beo! Téann tú síos an sliabh ar luas lasrach ar an mbord – is beag **smacht** a bhíonn agat, ach is mór an spraoi a bhíonn i gceist leis!

Costas: €30.

Dreapadh Bolcáin – Ometepe

Is oileán é Ometepe i lár Loch Nicearagua agus tá dhá bholcán ar an oileán: Concepción (phléasc sé in 2012) agus Maderas (níor phléasc sé le 10,000 bliain). Is féidir turas lae a eagrú chun ceann de na bolcáin a dhreapadh. Tagann **treoraí áitiúil** leat agus tugann sé eolas duit ar na feirmeacha a siúlann tú tríothu, chomh maithle heolas faoin nádúr agus na hainmhithe dúchasacha a chónaíonn ann (go leor moncaithe san áireamh!). Tá an dreapadh **dúshlánach** mar gheall ar an teocht ard, ach is fiú go mór é a dhéanamh mar tá radhairc áille le feiceáil ag an radharc-phointe ar barr.

Costas: €15.

(a) Gluais: cad is brí leis na focail seo?

Bolcán _____	Luaithreach _____
Phléasc _____	Smacht _____
Síob _____	Treoraí áitiúil _____
Friochadh _____	Dúshlánach _____

Focail nua eile a d'fhoghlaim tú:

_____

(b) Líon na bearnaí seo ag úsáid focail ón ngluais.

1. Bhí mé déanach mar ní raibh _____ agam.

2. Thiomáin sí thar an liathróid agus _____ sé.

3. Bhí tine cnámh acu agus bhí _____ i ngach áit.

4. Bhí an rang an-_____ agus ní raibh _____ aige orthu.

5. Thug an _____ eolas dúinn faoin gcaisleán.

(c) Fíor nó Bréagach?

Ráiteas	Fíor ✔	Bréagach ✗
1. Tá fiche bolcán i Nicearagua.		
2. Níl gach bolcán dainséarach.		
3. Is féidir uibheacha a cheannach ag barr an bholcáin.		
4. Tá costas €15 ar 'Chlármharcaíocht ar Bholcán'.		
5. Uaireanta bíonn sé deacair siúl go dtí barr bolcáin.		

(d) Samhlaigh go bhfuil tú ag obair le comhlacht turasóireachta i Nicearagua. Tarraing póstaer anseo chun fógra a dhéanamh don 'Chlármharcaíocht ar Bholcán'.

5.2 Cluastuiscint: An Saol san Idirbhliain
RAONTA
17–22

Léigh na ceisteanna seo thíos. Cloisfidh tú gach giota faoi dhó.

CUID A – FÓGRA

1. Cé mhéad cat atá sa DSPCA faoi láthair?

   _____

2. Liostaigh **dhá** phost a bheidh ar na daltaí idirbhliana a dhéanamh.

   (a) _____

   (b) _____

3. Cad é an seoladh ríomhphoist ar gá do CV a sheoladh chuige?

   _____

/8

CUID B – COMHRÁ

An Chéad Mhír

1. Céard a bhíonn ar siúl i scoil Chiara gach seachtain?

   _____

2. Cén scoil a bhfreastalaíonn Colm uirthi?

   _____

3. Cén rang lena ndeachaigh Colm ar turas?

   _____

An Dara Mír

1. Luaigh **dhá** phointe eolais faoi scoil Chiara.

   (a) _____

   (b) _____

2. Cá fhad a raibh Colm i bPáras?

   _____

3. Cé a thaistil chuig Madrid?

   _____

 /14

CUID C – PÍOSA CAINTE

1. Cé a bhronn na boinn?

   _____

2. Ainmnigh **dhá** rud a bhí ar na daltaí a dhéanamh le Gaisce cré-umha a bhaint amach.

   (a) _____

   (b) _____

3. Cá ndearna an chuid is mó de na daltaí an tsiúlóid?

   _____

/8

Cluastuiscint: Na hIomláin	
Cuid A – Fógra	/8
Cuid B – Comhrá	/14
Cuid C – Píosa Cainte	/8
Iomlán	/30

5.3 Scríobh: Tuairisc ar Eachtraí Idirbhliana

Tuairisc Thurais	
Ainm:	Ciarán Ó Deá
Áit an Turais:	An Zú, Baile Átha Cliath
Dáta(í):	18ú Aibreán
Le:	Mo rang bitheolaíochta

- D'fhág an bus an scoil ag leathuair tar éis a hocht ar maidin agus ghlac sé dhá uair an chloig orainn an zú a shroicheadh.

- Lá breá a bhí ann. Bhí sé saghas gaofar ach bhí an ghrian ag taitneamh.

- Shiúil an rang timpeall an zú le chéile ag féachaint ar na hainmhithe ar fad.

- Chonaiceamar gach saghas ainmhí: leoin, tíogair, moncaithe, éin, rónta, cangarúnna, eilifintí, sioráif, séabraí, crogaill agus cúpla béar freisin!

- Bhí feirm bheag ann freisin le muca agus cearca agus ainmhithe feirme eile.

- Bhí deis againn bia a thabhairt do na piongain mar bhíomar in aice leo ag am lóin. Bhí duine de na hoibrithe ann le buicéad éisc agus chaith sé na héisc isteach sa linn leis na piongain. Bhí na piongain ag léim timpeall na háite ag déanamh iarrachta iasc a fháil.

- Ba iad na tíogair na hainmhithe ab fhearr liom. Bhí siad i bhfad ní ba mhó ná mar a cheap mé go mbeidís. Shiúil siad timpeall clós beag agus bhí fionnadh álainn orthu.

- Nuair a bhíomar críochnaithe sa zú, thiomáineamar chuig ionad siopadóireachta Ghleann na Life, agus bhí deis againn dul ag siopadóireacht le haghaidh dhá uair an chloig.

- Chuaigh mé agus mo chairde go dtí na siopaí spóirt ar fad ach níor cheannaíomar aon rud. Ansin d'itheamar ár ndinnéar.

- Turas an-mhaith a bhí ann agus cheap mé go raibh an zú an-spéisiúil ar fad.

(a) An ndeachaigh tú ar mhórán turas i mbliana? Cérbh iad?

_____

_____

(b) Roghnaigh ceann de na turais sin agus scríobh tuairisc faoi.

Tuairisc Thurais

Ainm: _____

Áit an Turais: _____

Dáta(í): _____

Le: _____

5.4 Gramadach: Uimhreacha

Uimhir	Bunuimhir	Ag Comhaireamh Rudaí		Daoine
1	Aon	Cat amháin	2–6: + séimhiú	Duine
2	Dó	Dhá chat	Trí mhadra	Beirt
3	Trí	Trí chat	Sé bholcán	Triúr
4	Ceathair	Ceithre chat		Ceathrar
5	Cúig	Cúig chat		Cúigear
6	Sé	Sé chat		Seisear
7	Seacht	Seacht gcat	7–10: + urú	Seachtar
8	Ocht	Ocht gcat	Ocht **g**cupán	Ochtar
9	Naoi	Naoi gcat	Naoi **m**buidéal	Naonúir
10	Deich	Deich gcat		Deichniúr

(a) Cuir Gaeilge ar na focail seo.

1. Seven people _____

2. Nine teams _____

3. Five girls _____

4. Three pets _____

5. Ten tables _____

6. Eight countries _____

7. One book _____

8. Two copies _____

9. Four teachers _____

10. Six monkeys _____

(b) Scríobh leagan Gaeilge na n-uimhreacha seo.

20	fiche	50		80		1,000	
30		60		90		1,000,000	
40		70		100			

7,531	
90,364	
3,000,828	

(c) Freagair na ceisteanna seo. (Scríobh amach na figiúirí.)

1. Cé mhéad duine atá i do rang? _____
2. Cé mhéad tír atá ar domhan? _____
3. Cé mhéad duine a chónaíonn in Éirinn? _____
4. Cé mhéad ábhar a dhéanann tú? _____
5. Cé mhéad contae atá in Éirinn? _____

(d) An féidir leat gach contae in Éirinn a ainmniú i nGaeilge?
Scríobh gach contae sa chúige ceart.

Cúige Chonnacht	Cúige Uladh
Cúige Mumhan	**Cúige Laighean**

(e) Dathaigh bratacha na gcontaetha leis na dathanna cearta.

1. Sligeach

5. Corcaigh

2. Loch Garman

6. Dún na nGall

3. An Clár

7. Laois

4. Cill Chainnigh

8. Gaillimh

(f) Scríobh amach na plátaí clárúcháin i bhfocail.

1. | 08 MO 912 | *A náid, a hocht, Maigh Eo, a naoi, a haon, a dó*
2. | 182 KY 731 |
3. | 11 CW 1612 |
4. | 12 D 456 |
5. | 03 WH 842 |
6. | 98 OY 285 |
7. | 171 KK 333 |

5.5 Cluiche: Biongó

- Líon an bosca seo le huimhreacha idir 1–50.
- Cuir uimhir éagsúil i ngach bosca.
- Ní féidir an uimhir chéanna a úsáid faoi dhó.
- Ansin éist leis na huimhreacha a ghlaonn an múinteoir amach.
- Cuir X trí gach uimhir atá agat.
- Nuair a bhíonn líne iomlán agat, abair 'Biongó!'.

Biongó

Anois is féidir é a imirt arís le huimhreacha nua!

Biongó

5.6   Léamhthuiscint: Cósta Ríce Lán le Dúlra

Tuairisc Taistil

1. Chuaigh mé féin agus mo theaghlach ar saoire chuig Cósta Ríce cúpla bliain ó shin. Is tír lán le dúlra agus áiseanna nádúrtha í agus thaitin an áit go mór liom mar sin, mar tá an-spéis agam sa **timpeallacht**. Chuamar chuig an baile La Fortuna ar dtús, ach ar an drochuair, ní raibh deis againn sult as bhaint as na háiseanna don chéad cúpla lá, mar shroicheamar an baile ag an am céanna is a tháinig Hairicín Otto.

2. Dúradh linn go mbeadh an hairicín ar cheann de na stoirmeacha ba mheasa a bhuail an tír riamh – dúnadh gach oifig, scoil agus foirgneamh timpeall Chósta Ríce agus stop na seirbhísí taistil **ag feidhmiú** chomh maith. Bhí orainn rith chuig siopa áitiúil sular tháinig an hairicín chun bia agus uisce a cheannach, mar ní raibh a fhios ag éinne cé chomh fada is a mhairfeadh sí! Bhuail an hairicín agus shuíomar inár seomra ag éisteacht leis an mbáisteach throm agus an ghaoth láidir, ach buíochas le Dia, ní dhearnadh mórán damáiste do bhaile La Fortuna agus bhíomar sábháilte go leor don dá lá a mhair an stoirm. D'imigh an leictreachas sa bhaile ach b'shin an rud ba mheasa a tharla sa lóistín. Rinneadh scrios ar roinnt bailte eile timpeall na tíre, áfach, agus rinneadh **aslonnú** ar os cionn 10,000 duine sular bhuail an hairicín talamh na tíre. D'fhéadfá a rá gur 'eispéireas' a bhí ann, agus bhí cinnte, ach ní bheadh fonn orainn a bheith **sáinnithe** i lár hairicín eile arís!

3. Nuair a bhí an stoirm imithe, tógadh ar shiúlóid muid tríd an bhforaois bháistí atá suite ar imeall an bhaile, agus bhí go leor le feiceáil ann – froganna agus **feithidí**, dúlra dúchasach, **droichead lúdrach** agus **easanna**. Bhí na treoraithe lán le heolas faoin áit agus d'inis siad scéalta dúinn faoi stair na háite agus an bolcán. Ar an mbealach ar ais ón tsiúlóid, stopamar ag linn san abhainn, áit inar féidir snámh. An rud atá an-tarraingteach faoi ná gur foinse the (*hot springs*) atá i gceist, mar sin tá an t-uisce deas te agus is féidir do scíth a ligean ann ar feadh tamaill – bhí sé ar fheabhas!

4. Bhogamar ar aghaidh go baile ar an taobh eile den tír ansin: Puerto Viejo. Tá tránna áille lán le gaineamh bán sa bhaile seo, ach bhí níos mó spéise agam féin sa *Jaguar Rescue Centre* atá lonnaithe ann.

Tá an **tearmann** ainmhí seo suite cúig nóiméad ón mbaile, agus is **ionad athshlánaithe** é a thugann tearmann agus cabhair d'ainmhithe atá tinn nó gortaithe. Den chuid is mó, is **oibrithe deonacha** atá fostaithe ann, mar caitear an t-airgead ón **táille iontrála** ar fholláine na n-ainmhithe. Tá réimse mór de hainmhithe dúchasacha ann san ionad – **spadáin**, moncaithe, nathracha, iaguair, pearóidí, agus fianna ina measc. Tá turas treoraithe ar fáil ó na hoibrithe ann agus tugtar an-chuid eolais duit faoi na hainmhithe ann agus an fáth ar tugadh chuig an ionad iad.

5. Scéal amháin a dúradh linn ná go bhfaigheann go leor spadán bás sa cheantar mar dreapann siad **cuaille leictreach** ag ceapadh gur crann atá ann. Ar an drochuair, is minic a fhaigheann tuismitheoir bás sa tslí seo agus a bpáiste ar a ndroim acu. Titeann an páiste ar an talamh agus iad fós beo, ach iad ina n**dílleachta** anois. Dúradh linn go n-aimsíonn daoine áitiúla spadán óg gach seachtain cois bóithre, agus ansin tógann siad chuig an ionad seo iad chun iad a leigheas agus a athshlánú. Bhí mé an-tógtha leis an áit agus cheap mé gurbh áis iontach a bhí ann do na hainmhithe tinne sa cheantar.

Is breá liom féin gach rud a bhaineann leis an dúlra agus an timpeallacht agus mar sin, bhí saoire den chéad scoth agam i gCósta Ríce. Tá muintir na háite an-bhródúil as na foinsí nádúrtha ar fad atá acu ann agus ba dheas an rud é sin a fheiceáil.

(a) Gluais: cad is brí leis na focail seo?

Timpeallacht _____	Tearmann _____
Ag feidhmiú _____	Ionad athshlánaithe _____
Aslonnú _____	Oibrithe deonacha _____
Eispéireas _____	Táille iontrála _____
Sáinnithe _____	Spadáin _____
Feithidí _____	Cuaille leictreach _____
Droichead lúdrach _____	Dílleachta _____
Easanna _____	

Focail nua eile a d'fhoghlaim tú:

_____

(b) Freagair na ceisteanna seo ar an gcéad leathanach eile.

1. (a) Cén saghas tíre í Cósta Ríce? (Alt 1)

(b) Cén fáth nár bhain siad sult as na háiseanna ar dtús? (Alt 1)

2. (a) Ainmnigh dhá rud a bhí dúnta mar gheall ar an hairicín. (Alt 2)

(b) Luaigh dhá éifeacht a bhí ag an stoirm timpeall na tíre. (Alt 2)

3. (a) Cad faoi ar labhair na treoraithe? (Alt 3)

(b) Cad atá deas faoin bhfoinse the? (Alt 3)

4. (a) Cén saghas ainmhithe a bhíonn sa *Jaguar Rescue Centre*? (Alt 4)

(b) Cén fáth a bhfaigheann spadáin bás sa cheantar? (Alt 5)

5. (a) Cén fáth a dtógtar na spadáin óga chuig an ionad? (Alt 5)

(b) Cad as a bhfuil muintir na háite bródúil? (Alt 5)

6. (a) Aimsigh sampla de Bhriathar Saor san Aimsir Chaite in Alt 2, agus sampla d'Aidiacht san Uimhir Uatha in Alt 4.

(b) Déan cur síos i d'fhocail féin ar dhá rud faoin dúlra atá luaite san alt. (Timpeall 60 focal.)

(c) Comhrá: An Timpeallacht

Déan plé ar na ceisteanna seo leis an duine atá in aice leat. Tabhair fáth le gach freagra.

1. An bhfuil spéis agat i gcúrsaí timpeallachta?

2. An ndéanann tú féin aon rud chun an timpeallacht a chosaint?

3. Ar fhéach tú ar aon chlár teilifíse faoin nádúr riamh?

4. An gceapann tú go bhfuil an aimsir ag athrú in Éirinn le cúpla bliain anuas?

5. An raibh stoirm mhór i do cheantar féin riamh?
   Cad a tharla?/Cad a rinne tú?

6. Cad í an saghas aimsire is fearr leat?

7. An maith leat ainmhithe? (An bhfuil peataí agat?)

8. An raibh tú riamh ag an zú?

9. Cad é an saghas ainmhí is fearr leat?

10. An bhfuil aon áiseanna d'ainmhithe i do cheantar féin?

Focail Nua:

5.7 Scríobh: Fadhbanna agus Réitigh an Domhain

(a) An gceapann tú gur fadhb mhór í an téamh domhanda?

_____

_____

_____

(b) Conas is féidir linn an timpeallacht a chosaint, dar leat?

_____

_____

_____

(c) Cad iad na fadhbanna is mó atá i do cheantar féin? Déan liosta anseo agus smaoinigh ar réiteach ar na fadhbanna sin.

Fadhb	Réiteach

5.8 Dán: 'Tír na nÓg'

(a) Seo leagan filíochta den scéal Oisín i dTír na nÓg atá scríofa mar amhrán ag 'Na Firéin'. Sula léann tú é, déan plé leis an duine atá in aice leat faoin scéal seo. An cuimhin leat cad a tharlaíonn ann?

Anois léigh an dán seo agus freagair na ceisteanna a bhaineann leis.

Tír na nÓg

Le Colm Mac Séalaigh (leis an gcurfá deireanach le Gearóid Ó Murchú)

Fadó fadó in Éirinn,
roimh theacht don nua-aois,
Bhí conaí ann ar an bhFiann,
Fionn 's a mhac Oisín
Is iomaí eachtra a bhain leo siúd,
Is iomaí casadh croí,
Ach ní dhéanfar dearmad ar an lá
A bhuail Oisín le Niamh.

Niamh Chinn Ór, as Tír na nÓg,
B'í an bhean ab áille gné a chas ar Oisín Óg
Mheall sí é le breáthacht,
Mheall sí é le póg,
Mheall sí é gan aon agó
Go Tír na nÓg

Bhí Oisín lá breá gréine,
Ag siúl le ciumhais na habhann
'Measc bláthanna buí, is luachra,
Taibhsíodh dó an tsamhail,
Spéirbhean ghléigeal álainn
A d'fhag croí an laoich sin fann,
Thug cuireadh dó go Tír na nÓg
Go síoraí cónaí ann.

Tír álainn, tír na hóige,
Tír dhiamhair aislingí
Trí chéad bliain chaith Oisín ann
I ngrá mór le Niamh
Ach fonn nár fhág é choíche,
Is nach bhféadfadh sé a chloí,
Dul thar n-ais go hÉirinn,
Go bhfeichfeadh sé í arís.

'Ná fág an áit seo,' arsa Niamh
'Ná himigh uaim, a chroí'
'Má fhágann tusa Tír na nÓg,
Ní fhillfidh tú arís.'
Ach d'fhill Oisín ar Éirinn,
Mar bhí fiabhras ina chroí
Is fuair sé bás ós comhair an Naoimh
B'shin deireadh lena thriall.

Tír na nÓg, ó Tír na nÓg,
Tír uasal na draíochta a bhí ann fadó,
Féach thiar ansin í
Thiar ar fhíor na spéire
San áit go mba mhaith liom bheith,
Sin Tír na nÓg.

(b) Freagair na ceisteanna seo.

1. Cad is ainm do athair Oisín?

   _____

2. Cén saghas cuma a bhí ar Niamh?

   _____

3. Cé chomh fhada ar chaith Oisín i dTír na nÓg?

   _____

4. Cén fáth ar fhill Oisín ar Éire?

   _____

5. Cad iad na téamaí sa dán seo?

_____

6. Cad é an téama is mó agus cén fáth an gceapann tú sin?

_____

_____

_____

7. Cad iad na mothúcháin ag bhí ag Oisín tríd an dán?

_____

8. An dtaitníonn an dán seo leat? Cén fáth?

_____

_____

_____

_____

(c) Anois éist leis 'Na Firéin' ag canadh an amhrán ar an idirlíon agus bain triail as é a chanadh le do rang!

(d) Obair Bheirte

An féidir libh smaoineamh ar aon sheanscéalta eile cosúil le hOisín i dTír na nÓg? Roghnaigh ceann amháin acu agus scríobh achoimre ar an scéal sin anseo.

5.9 Gramadach: An Modh Coinníollach

An cuimhin leat na rialacha a bhaineann leis an Modh Coinníollach? Tá dhá thábla anseo thíos le rialacha don chéad agus don dara réimniú iontu.

● Féach ar na táblaí agus líon na bearnaí 1–15.

An Chéad Réimniú				
Briathra	**Athrú**	**Dearfach**	**Diúltach**	**Ceisteach?**
Leathan	+ séimhiú (consan) D' (guta)		Ní + séimhiú (consan) Ní (guta)	An + urú (consan) An (guta)
Dún Ól Fág	+fainn (mé) +fá (tú) +fadh (sí/sé/sibh) +faimis (muid) +faidís (siad)	Dhúnfainn D'ólfá D'fhágfadh sé	Ní dhúnfainn Ní ólfadh siad Ní 1. **fhágfadh** sé	An 2._____? An ólfadh siad? An bhfágfadh sé?
Caol	+ séimhiú (consan) D' (guta)		Ní + séimhiú (consan) Ní (guta)	An + urú (consan) An (guta)
Bris Éist Fill	+finn (mé) +3._____ (tú) +feadh (sí/sé/sibh) +fimis (muid) +4._____ (siad)	Bhrisfinn 5._____ D'fhillfeadh sí	Ní 6._____ Ní éistfeá Ní fhillfeadh sí	An mbrisfinn? An éistfeá? An 7._____ sí?

An Dara Réimniú				
Briathra	**Athrú**	**Dearfach**	**Diúltach**	**Ceisteach?**
Leathan	~~-aigh~~ + séimhiú (consan) D' (guta)		Ní + séimhiú (consan) Ní (guta)	An + urú (consan) An (guta)
Cabhraigh Gortaigh Ullmhaigh	+óinn (mé) +ófá (tú) +ódh (sí/sé/sibh) +óidís (siad) +óimis (muid)	Chabhrófá 8._____ D'ullmhódh sé	Ní 9._____ Ní ghortódh sí Ní ullmhódh sé	An gcabhrófá? An ngortódh sí? An 10._____ sé?
Caol	~~-igh~~ + séimhiú (consan) D' (guta)		Ní + séimhiú (consan) Ní (guta)	An + urú (consan) An (guta)
Bailigh Ceistigh Imigh	+11._____ (mé) +eofá (tú) +12._____ (sí/sé/sibh) +eoidís (siad) +eoimis (muid)	Bhaileofá Cheisteodh sí 13._____ siad	Ní bhaileofá Ní 14._____ sí Ní imeodh siad	An 15._____? An gceisteodh sí? An imeoidís?

(a) Cuir na briathra seo sa Mhodh Coinníollach agus aistrigh na habairtí go Gaeilge.

1. (Ní aontaigh) siad _____

2. (Dún) sí _____

3. (Samhlaigh) tú _____

4. (An éist) sibh _____

5. (Fill) mé _____

6. He would throw the ball.

_____

7. I would watch TV.

_____

8. We would not wait on you.

_____

9. You would break it.

_____

10. Would she walk to school?

_____

(b) Cuir na briathra sa ghreille seo thíos sa Mhodh Coinníollach.

Briathar	Béarla	Ceisteach?	Dearfach	Diúltach
Bris (tú)	Break	An mbrisfeá?	Bhrisfeá	Ní bhrisfeá
Fág (sí)				
Ceannaigh (mé)				Ní cheannóinn
Scríobh (siad)				
Pós (muid)		An bpósfaimis?		
Fill (sé)				
Ullmhaigh (mé)				
Ceistigh (tú)			Cheisteofá	
Tóg (sibh)	Take			
Ól (sinn)				

An Modh Coinníollach: Briathra Neamhrialta

Briathar	Dearfach	Diúltach	Ceisteach?	Mé	Tú
Bí	Bheadh	Ní bheadh	An mbeadh?	Bheinn	Bheifeá
Abair	Déarfadh	Ní dhéarfadh	An ndéarfadh?	Déarfainn	Déarfá
Beir	Bhéarfadh	Ní bhéarfadh	An mbéarfadh?	Bhéarfainn	Bhéarfá
Ith	D'íosfadh	Ní íosfadh	An íosfadh?	D'íosfainn	D'íosfá
Faigh	Gheobhadh	Ní bhfaigheadh	An bhfaigheadh?	Gheobhainn	Gheofá
Tar	Thiocfadh	Ní thiocfadh	An dtiocfadh?	Thiocfainn	Thiocfá
Tabhair	Thabharfadh	Ní thabharfadh	An dtabharfadh?	Thabharfainn	Thabharfá
Téigh	Rachadh	Ní rachadh	An rachadh?	Rachainn	Rachfá

(a) Cuir Béarla ar na habairtí seo.

1. An rachfá go dtí an Spáinn amárach?

   _____

2. Thiocfainn abhaile ón scoil go luath.

   _____

3. Bhéarfadh sé ar an liathróid.

   _____

4. Ní íosfadh sí sa bhialann sin.

   _____

5. An bhfaigheadh sibh madra nó cat?

   _____

(b) Cuir Gaeilge ar na habairtí seo.

1. They would get the trophy.

   _____

2. She would say hello.

   _____

3. I would not be too late.

   _____

4. Would you hear me?

   _____

5. He would give homework.

(c) Cuir na briathra sa ghreille seo thíos sa Mhodh Coinníollach.

Briathar	Béarla	Ceisteach?	Dearfach	Diúltach
Bí (tú)		An mbeifeá?		
Téigh (sibh)				
Ith (sí)				Ní íosfadh sí
Faigh (mé)				
Abair (siad)			Déarfadh siad	
Tar (muid)				
Beir (sé)				
Clois (mé)	Hear			
Tabhair (sibh)				

An Modh Coinníollach: Dá/Má (*If*)

Dá + Mura

An Riail	Dearfach: Dá + urú Diúltach: Mura + urú Dá/Mura + (urú) Modh Coinníollach … Modh Coinníollach *If (not) this… I/you… would this…*
Samplaí	*If I were hungry, I would eat chips.* Dá **mbeadh** ocras orm, **d'íosfainn** sceallóga. *If you wouldn't close the door, I would get angry with you.* Mura **ndúnfá** an doras, **d'éireoinn** crosta leat.
An Chéad Réimniú	Dá ndúnfadh/Dá bhfágfainn/Dá n-ólfadh/Mura mbrisfinn
An Dara Réimniú	Dá gcabhróinn/Dá gceisteodh/Mura n-imeodh/Mura n-ullmhófá

Má + Mura

An Riail	Dearfach: Má + séimhiú Diúltach: Mura + urú Má/Mura + Aimsir Láithreach/Fháistineach … Aimsir Fháistineach Má/Mura + Aimsir Chaite … Aimsir Chaite
Samplaí	*If he is asleep now, he will not be tired.* Má **tá** sé ina chodladh anois, **ní bheidh** tuirse air. *If you are not late, I will give you a prize.* Mura **mbíonn** tú déanach, **tabharfaidh** mé duais duit. *If she was there, I did not see her.* Má **bhí** sí ann, **ní fhaca** mé í.

(a) Cuir Gaeilge ar na habairtí seo.

1. If I did not send the money, she would be angry.

   _____

2. If he bought a new car, he would have no problems.

   _____

3. Would you drink the water if it was hot?

   _____

4. Would you buy one for me if it was cheap?

   _____

5. She would save a lot of money if she had a bike.

   _____

6. Would you read out the letter if she asked you?

   _____

7. If I leave now, I will arrive at the school on time.

   _____

8. You would sit listening to him all night if he sang.

   _____

9. They would not go to the match if it was raining.

   _____

10. If I do not do my homework he will be disappointed.

   _____

(b) Comhrá: Cad a Dhéanfá ...?

Freagair na ceisteanna seo agus ansin déan plé ar do chuid freagraí leis an duine atá in aice leat.
Cad a dhéanfá ...

1. ... dá mbuafá an Crannchur Náisiúnta?

_____

_____

_____

_____

2. ... dá ndúiseofá déanach ar maidin?

_____

_____

_____

_____

3. ... dá mbeadh do rogha post agat?

_____

_____

_____

_____

4. ... dá bhfeicfeá gadaí i siopa?

_____

_____

_____

_____

5. ... dá mbeifeá i d'Uachtarán ar Éirinn?

_____

_____

_____

_____

6. ... dá mbeifeá i do Phríomhoide ar an scoil seo?

_____

_____

_____

_____

5.10 Léamhthuiscint: Parthas i bPanama

1. Is grúpa oileán iad Bocas del Toro atá lonnaithe i dtuaisceart Phanama. Téann go leor daoine anseo ar saoire coicíse chun a scíth a ligint ar na tránna áille atá anseo. Is féidir fanacht ar oileán amháin agus bád a fháil go hoileán difriúil gach lá mar thuras lae, nó is féidir bogadh timpeall agus lóistín a fháil i gcúpla áit éagsúil.

2. Tá Isla Solarte ar cheann de na hoileán seo, tá sé an-bheag ach fíor **pharthas** atá ann. Níl aon bhóthar ar an oileán in aon chor agus níl ach brú óige amháin ar an oileán ar féidir le turasóirí fanacht: *Bambuda Lodge*. Tá ort bád a fháil díreach chuig an mbrú, atá suite cois farraige, le **dufair** ar an taobh eile de.

3. Tá iliomad imeachtaí ar féidir tabhairt fúthu anseo – caighceáil, snorcalú, SUPing, ióga, siúlóidí sa dufair, srl … Tá linn snámha deas ann agus go leor áiteanna compordacha chun luí faoin ngrian agus tú ag féachaint amach ar an bhfarraige. Ceann de na rudaí is fearr faoin áit seo ná go bhfuil sleamhnán uisce fada ann a théann ó bharr an bhrú síos chuig an bhfarraige agus is féidir leis na h**aíonna** ar fad triail a bhaint as seo! Nuair a bhíonn tú tuirseach tar éis na heachtraí ar fad a chríochnú, is féidir **néal codlata** a fháil i gceann de na ámóga atá scaipthe timpeall an bhrú, nó do scíth a ligean ar cheann de na leapacha gréine in aice leis an linn snámha. Áit an-síochánta atá ann agus níl aon rud le cloisteáil ach na héin agus moncaithe a bhíonn ag súgradh sa dufair!

4. Ó thaobh cúrsaí bia de, níl aon rogha agat ach ithe sa bhrú toisc nach bhfuil tú in ann siúl go haon siopa nó bialann ón áit – ach is cuma sin: tá na **cócairí** anseo lán le tallann agus ullmhaíonn siad béilí iontacha blasta ann! Gach lá cuirtear biachlár éagsúil suas ar chlár le ceithre rogha air. Cuireann tú d'ordú isteach, agus ag 7.30i.n. gach oíche, itheann na haíonna ar fad a ndinnéir le chéile. Áit an-sóisialta atá ann sa tslí sin agus is bealach an-deas é le haithne a chur ar thurasóirí eile. Is tearmann den chéad scoth é *Bambuda Lodge* ar an oileán beag seo agus áit álainn le **suaimhneas** agus síocháin a fháil i dtimpeallacht nádúrtha.

(a) Gluais: cad is brí leis na focail seo?

Parthas _____   Néal codlata _____

Dufair _____   Cócairí _____

Aíonna _____   Suaimhneas _____

Focail nua eile a d'fhoghlaim tú:

_____

(b) Scríobh 6 abairt le focal amháin ón ngluais i ngach ceann acu.

1. _____

2. _____

3. _____

4. _____

5. _____

6. _____

(c) Freagair na ceisteanna seo.

1. Cá bhfuil Isla Solarte suite?

_____

2. Cén fáth a bhfuil an t-oileán an-chiúin?

_____

3. Cad a tharlaíonn ag am dinnéir?

_____

_____

4. An gceapann tú féin gur 'parthas' atá i gceist le Isla Solarte? Cén fáth?

_____

_____

(d) Cúinne na Gramadaí

Aimsigh sampla de ...

1. Ainmfhocal san Uimhir Uatha (Alt 1) _____

2. Réamhfhocal a chuireann séimhiú ar fhocal (Alt 2) _____

3. Réamhfhocal leis an alt (Alt 3) _____

4. Forainm Réamhfhoclach (Alt 4) _____

5.11 Scríobh: Mo Pharthas Pearsanta

Déan cur síos ar áit a bheadh mar 'parthas' duitse. (Úsáid an Modh Coinníollach nuair atá tú ag scríobh; 'bheadh an teocht idir 20–24 céim gach lá ...')

Luaigh na rudaí seo:

- Áit
- Aimsir
- Lóistín
- Eachtraí
- Dúlra
- Daoine
- Bia
- Modh taistil

_____

_____

_____

_____

_____

_____

_____

_____

_____

Tarraing pictiúr den 'parthas' ar scríobh tú faoi.

5.12 Lúbra Focal

Aimsigh na focail seo sa lúbra focail.

```
Ú  N  H  M  O  A  C  L  L  K  H  J  L  I  D  I  F  R  Ú  Ó
Í  T  D  B  C  F  Í  Í  H  T  H  R  O  U  P  N  B  O  Á  L
Ó  O  T  S  M  Á  U  F  H  M  C  Ú  F  U  F  T  É  L  A  I
L  S  M  Á  E  S  Í  G  C  E  L  A  B  M  G  S  T  O  P  S
P  É  Ó  S  C  É  N  T  A  N  I  G  O  Á  C  R  C  N  E  N
N  E  I  S  P  É  I  R  E  A  S  D  A  S  G  H  F  E  R  I
L  O  L  T  U  Ú  L  G  R  M  C  E  É  I  D  G  L  C  P  Ó
M  T  B  R  C  P  O  I  H  R  Á  H  Ú  M  L  O  Ó  T  O  M
Ó  P  I  Á  A  S  L  I  T  A  S  B  C  M  D  R  I  O  B  Ú
L  L  O  Ó  G  M  É  N  I  E  S  T  T  I  S  Í  O  B  U  C
A  L  Á  D  E  L  Í  I  A  T  S  A  Í  É  U  O  F  L  C  O
I  P  I  L  T  L  N  E  U  G  S  É  L  Ú  A  L  É  M  B  S
H  É  G  Ó  O  I  S  U  L  R  Í  U  Ú  Ó  I  L  M  É  Ú  N
B  R  S  C  N  N  E  P  R  R  B  L  G  B  M  N  O  D  G  I
R  D  B  Ú  L  U  B  I  B  H  R  E  A  C  H  T  F  Í  F  A
A  C  N  Á  L  N  I  T  P  P  U  P  U  L  N  C  N  L  P  I
E  L  O  M  Í  T  S  Ú  L  T  E  S  É  H  E  É  N  B  Í  L
M  T  L  S  I  S  B  O  L  C  Á  N  F  T  A  L  P  O  Á  H
M  T  A  F  S  L  B  G  Í  O  Ú  P  E  F  S  U  F  N  B  B
É  C  R  C  S  A  M  B  D  M  P  A  P  S  D  B  I  N  M  R
S  D  L  M  B  N  H  Ú  F  É  H  R  F  Í  R  A  M  Ó  G  I
Ú  T  Ú  R  Á  T  N  T  S  T  F  T  N  É  D  B  O  I  Á  D
T  O  D  G  M  É  O  S  R  M  C  H  Á  D  G  C  U  R  B  I
F  C  R  H  B  T  S  B  F  A  R  A  A  T  H  M  I  D  R  Í
Ú  D  U  F  A  I  R  D  T  O  P  T  E  A  R  M  A  N  N  S
```

BOLCÁN	DUFAIR	IDIRBHLIAIN	MEARBHIA	SUAIMHNEAS
BONNÓIR	DÚLRA	LAOCH	PARTHAS	TEARMANN
CAOMHNÚ	EISPÉIREAS	LUAITHREACH	SÍOB	

5.13 Léamhthuiscint: Canáil Phanama

Tá Canáil Phanama suite i gcathair Phanama. Tá **clú agus cáil** ar an gcanáil seo ar fud an domhain agus **ní haon ionadh é**. Ceanglaíonn an chanáil **lámhdhéanta** seo an dá aigéan mhóra lena chéile – an tAtlantach agus An tAigéan Ciúin. Tógadh an píosa infreastruchtúir seo sna 1914 agus bhí sé ar cheann de na **tionscnamh tógála** ba mhó ar domhan ag an am é. Taistealaíonn longa ollmhóra leis na céadta tona tríd an gcanáil gach lá.

Is féidir na longa a fheiceáil ag taisteal tríd an gcanáil ón ionad cuairteoirí, agus radharc dochreidte atá ann. **Éacht innealtóireachta** amach is amach is ea an chanáil, a chuireann go mór le trádáil idirnáisiúnta an domhain. Sábhálann an chanáil seo na mílte ciliméadar taistil ar longa mar ní gá dóibh taisteal timpeall Mheiriceá Theas ar fad.

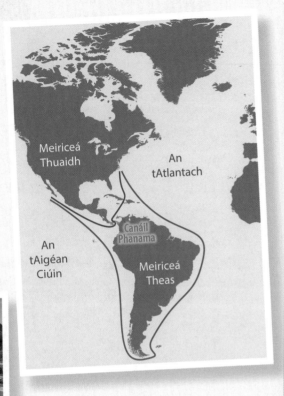

(a) Gluais: Cad is brí leis na focail seo?

Clú agus cáil _____   Tionscnamh tógála _____

Ní haon ionadh é _____   Éacht innealtóireachta _____

Lámhdhéanta _____

Focail nua eile a d'fhoghlaim tú:

_____

(b) Freagair na ceisteanna seo.

1. Cén dá rud a cheanglaíonn an chanáil?

_____

2. Cathain a tógadh an chanáil?

_____

3. Cén buntáiste atá ag baint leis an gcanáil?

_____

(c) Obair Bheirte

Smaoinigh ar thrí phíosa infreastruchtúir thábhachtacha in Éirinn a chabhraíonn go mór leis an bpobal.

Píosa Infreastruchtúir	Cén fáth an bhfuil sé tábhachtach?
1.	
2.	
3.	

 (d) Obair Ghrúpa

Is píosa infreastruchtúir é Canáil Phanama a chabhraíonn go mór le cúrsaí trádála an domhain.
Tá forbairt ag teacht ar an teicneolaíocht gach bliain, agus tá táirgí ann anois a chabhraíonn go mór le daoine, cosúil leis an bhfón póca agus ríomhairí.

1. Déan iarracht smaoineamh ar thrí tháirge nua a chabhródh go mór le daoine. Conas a chabhródh an táirge seo le daoine?

Táirge Nua	Conas a chabhródh an táirge seo?
1.	
2.	
3.	

2. Tarraing pictiúr de na táirgí seo le lipéid a mhíníonn na páirteanna éagsúla díobh.

Tairge 1	Tairge 2	Tairge 3

5.14 Sraith Pictiúr: Lá Eachtraí

(a) Déan cur síos ar an sraith pictiúr seo leis an duine atá in aice leat.

Turas Scoile

(b) Anois scríobh alt beag chun cur síos a dhéanamh ar gach pictiúr sa sraith.

Pictiúr 1

Pictiúr 2

Pictiúr 3

Pictiúr 4

Pictiúr 5

Pictiúr 6

Pictiúr 1

Pictiúr 2

5.15 Cluiche: Catagóirí

- Glaofaidh do mhúinteoir litir amach os ard.
- Caithfidh tú smaoineamh ar fhocal a thosaíonn leis an litir sin do gach catagóir sa liosta seo thíos.
- Is rás é seo idir gach duine sa rang.
- Nuair a chríochnaíonn tú an liosta, glaoigh amach 'Stop!'.
- Éistfidh do mhúinteoir le do fhreagraí agus, má bhíonn an ceart agat, gheobhaidh tú pointe amháin!
- Is féidir an cluiche seo a imirt cúpla uair ag úsáid litir éagsúil gach uair.

Litir	Caitheamh Aimsire	Siopa	Banna Ceoil/ Amhránaí	Briathar	Tír/Contae	Post	Modh Taistil					
D	Damhsa	Dunnes Stores	Drake	Dún	Dún na nGall	Dochtúir	DART					

Ar an Taobh Eile den Domhan

Ábhar Clúdaithe

(lgh 138–160)

An Ghaeltacht, Curiarrachtaí, Béilí, Cláir Theilifíse

- *Gearrscannán:* 'Yu Ming is Ainm Dom'
- *Gearrscannán:* 'Clare sa Spéir'
- *Gearrscannán:* 'Filleann an Feall'
- *Taighde:* Seanfhocail
- *Comórtas Póstaeir:* Seanfhocal
- *Comhrá:* An Ghaeltacht

- *Léamhthuiscint:* Le Déanamh i Dubai
- *Léamhthuiscint:* Oileán Indinéiseach
- *Scríobh agus Taighde:* Bia Blasta – Oideas
- *Léamhthuiscint:* Sydney ar Scáileán
- *Tionscnamh:* Tír Nua

An raibh a fhios agat ...?

Tá trí mhór-roinn ar an taobh eile den domhan: An Afraic, An Áise agus An Astráil:

	Daonra	Líon Tíortha sa Mhór-Roinn	Líon Teangacha a Labhraítear Iontu
An Afraic	1.22 billiún	54	1500–2000
An Áise	4.46 billiún	48	2197
An Astráil	24 milliún	–	200+

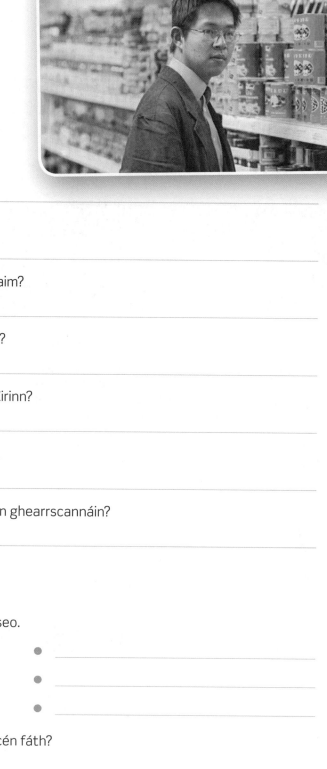

6.1 Gearrscannán:
Yu Ming is Ainm Dom

Féach ar an ngearrscannán *Yu Ming is Aimn Dom*
agus freagair na ceisteanna seo thíos.

 (a) Ceisteanna Bunúsacha

1. Cárbh as do Yu Ming?

   _____

2. Cén saghas poist atá aige?

   _____

3. Cén fáth ar bheartaigh sé Gaeilge a fhoghlaim?

   _____

4. Cén saghas lóistín a fhaigheann sé in Éirinn?

   _____

5. Cén saghas bia a fhaigheann sé ar dtús in Éirinn?

   _____

6. Cad a mhíníonn an seanfhear dó sa bheár?

   _____

7. Cad atá Yu Ming ag déanamh ag deireadh an ghearrscannáin?

   _____

(b) Ceisteanna Breise

1. Liostaigh na téamaí atá sa ghearrscannán seo.

   ● _____   ● _____
   ● _____   ● _____
   ● _____   ● _____

2. Cad é an téama is láidre i do thuairim agus cén fáth?

   _____

   _____

3. Liostaigh na tréithe pearsanta atá ag Yu Ming.

   ● _____   ● _____
   ● _____   ● _____
   ● _____   ● _____

4. An dtaitníonn carachtar Yu Ming leat? Cén fáth?

_____

_____

_____

5. An maith leat an gearrscannán seo? Cén fáth?

_____

_____

_____

_____

(c) Ceisteanna Cainte

Déan plé ar na ceisteanna seo leis an duine atá in aice leat.

1. Dá mbeadh ort teanga nua a fhoghlaim, cén ceann a roghnófá agus cén fáth?

2. Ar mhaith leat dul chuig an tSín?

3. An maith leat bia Síneach?

4. Cad é an saghas bia is fearr leat?

5. An raibh tú riamh sa Ghaeltacht? Cén ceann? Déan cur síos ar an áit.

(d) Taighde Idirlín

Déan taighde ar an idirlíon agus aimsigh cúig fhíric shuimiúla faoin Sín. Ansin déan comparáid leis na daoine eile sa rang.

1.	
2.	
3.	
4.	
5.	

6.2 Gearrscannán:
Clare sa Spéir

Féach ar an ngearrscannán *Clare sa Spéir* agus freagair na ceisteanna seo thíos.

 (a) Ceisteanna Bunúsacha

1. Cé mhéad duine atá sa teaghlach seo?

2. Cad atá ar siúl sa chistin an mhaidin seo?

3. Cén scéal nuachta a labhraíonn Clare agus Eoin faoi?

4. Déan cur síos ar an gcistin mar atá sé nuair a imíonn gach duine.

5. Conas a mhothaíonn Clare nuair atá sí ag glanadh na cistine?

6. Cá bhfuil sí nuair a thagann na páistí ar ais ón scoil?

7. Cén fhad a fhanfaidh sí sa chrann?

8. Cad a dhéanann sí sa chrann gach lá?

9. Cén fáth a bhfuil na páistí ag gearán?

10. Cén fáth a bhfuil Eoin míshásta?

11. Cad a tharlaíonn nuair a théann sé chuig an teach tábhairne?

12. Cén saghas aimsire atá ann an oíche sin nuair a fhilleann sé abhaile?

13. Cad a dhéanann sé do Clare ansin?

14. Cé mhéad bliain a bhí i gceist don churiarracht?

15. Cé chomh fhada is a d'fhan Clare sa chrann?

(b) Ceisteanna Breise

1. Liostaigh na téamaí atá sa ghearrscannán seo.

   ● _____   ● _____

   ● _____   ● _____

   ● _____   ● _____

2. Cad é an téama is láidre i do thuairim agus cén fáth?

   _____

   _____

   _____

3. Liostaigh na tréithe pearsanta atá ag:

Clare	Eoin

4. An gceapann tú go raibh an ceart ag Clare fanacht sa chrann? Cén fáth?

   _____

   _____

   _____

5. Cad iad na hathruithe a tharla sa chaidreamh idir Clare agus a clann sa scannán?

   _____

   _____

   _____

6. An maith leat an gearrscannán seo? Cén fáth?

   _____

   _____

   _____

(c) Ceisteanna Cainte

Déan plé ar na ceisteanna seo leis an duine atá in aice leat.

1. Cad a dhéanann tú nuair a bhíonn do theaghlach ag cur isteach ort?

2. Cé a dhéanann an obair tí sa bhaile?

3. Cad iad na poist/dualgais atá ort sa bhaile?

4. Ar bhris tú curiarracht riamh?

5. Dá mbeadh ort curiarracht dhomhanda a bhriseadh, cad a dhéanfá?

141

(d) Taighde Idirlín

Déan taighde ar an idirlíon agus aimsigh cúig churiarracht dhomhanda atá an-suimiúil, dar leat.

	Dáta na Curiarrachta	Áit ina nDearnadh É	Cé a Rinne an Churiarracht?	Cur Síos ar an gCuriarracht
1.				
2.				
3.				
4.				
5.				

LLANFAIRPWLLGWYNGYLLGOGERYCHWYRNDROBWLLLLANTYSILIOGOGOGOCH

Llan-vire-pooll-guin-gill-go-ger-u-queern-drob-ooll-llandus-ilio-gogo-goch

6.3 Gearrscannán: *Filleann an Feall*

Féach ar an ngearrscannán *Filleann an Feall* agus freagair na ceisteanna seo thíos.

 (a) Ceisteanna Bunúsacha

1. Cén seanfhocal a luaitear ag an tús?

   _____

2. Cad is ceart a dhéanamh sa Ghaeltacht?

   _____

3. Cá bhfuil na leaids sa chéad radharc?

   _____

4. Cad a cheannaigh Ger sa siopa?

   _____

5. Cad iad na treoracha a thugann an feirmeoir dóibh?

   _____

6. Cén fáth a raibh orthu an Ghaeilge a labhairt?

   _____

7. Cad a deir Ger faoi cháis?

   _____

8. Cén seanfhocal an úsáideann Seán nuair a thugann sé an páipéar leithris do Ger?

   _____

9. Cárbh as do na leaids?

   _____

10. Cad a chaill siad?

    _____

11. Cad a osclaíonn Ger sa charbhán?

    _____

12. Cad atá ar an teilifís?

    _____

13. Cad a iarrann an tseanbhean ar Ger?

    _____

14. Cad atá ag teastáil ó Sheán nuair a thagann sé isteach sa charbhán?

    _____

15. Cén seanfhocal a dúirt an tseanbhean nuair a cheap sí gur chaill sí an crannchur náisiúnta?

    _____

16. Cé mhéad airgid a bhuaigh na leaids?

_____

17. Cad a deir Ger go bhféadfadh an tseanbhean a dhéanamh leis an airgead?

_____

18. Cad a fhágann Ger sa charbhán sula n-imíonn siad?

_____

19. Cé mhéad airgid a bhí sa chlúdach litreach?

_____

20. Cén cleas a d'imir an tseanbhean orthu?

_____

(b) Ceisteanna Breise

1. Liostaigh trí thréithe phearsanta atá ag:

Ger	Seán	An tSeanbhean

2. Seo liosta de théamaí éagsúla. Cuir ciorcal timpeall na dtéamaí atá sa ghearrscannán seo.

Grá	Bás	Ainmhithe	Teicneolaíocht	Seanaois	Daoine Óga
	Foréigean		Saol na Tuaithe	Ag Taisteal	An Teaghlach

3. As na téamaí a roghnaigh tú, cad é an ceann is láidre sa ghearrscannán, dar leat, agus cén fáth?

I mo thuairim, is é _____ an téama is láidre sa ghearrscannán seo mar …

_____

_____

_____

6.4 Taighde: Seanfhocail

(a) Déan plé...

1. Tagann an teideal *Filleann an Feall* ón seanfhocal 'Filleann an feall ar an bhfeallaire'. Déan plé le do rang ar bhrí an tseanfhocail sin.

2. Luadh roinnt seanfhocal sa ghearrscannán *Filleann an Feall*. Déan plé leis an duine atá in aice leat ar an mbrí atá leo:

   - Ná déan nós is ná bris nós.
   - Is buí le bocht an beagán.
   - Beidh lá eile ag an bPaorach.

(b) Meaitseáil

Seo liosta de roinnt seanfhocal eile. Scríobh an uimhir cheart sa ghreille thíos in aice leis an mbrí Bhéarla.

		Uimhir an tSeanfhocail
1. Is trom cearc i bhfad	A. Life is strange	
2. Ní neart go cur le chéile	B. There's no place like home	
3. Ní lia duine ná tuairim	C. Silence is golden	
4. Is fearr sona ná saibhir	D. Everyone has his or her own opinion	
5. Is ait an mac an saol	E. Strength in numbers	
6. Tús maith leath na hoibre	F. Rome wasn't built in a day	
7. Mol an óige agus tiocfaidh sí	G. Faraway hills are green	
8. Níl aon tinteán mar do thinteán féin	H. A hen becomes heavy over a long distance	1.
9. Tír gan teanga, tír gan anam	I. Health is better than wealth	
10. Is maith an t-anlann an t-ocras	J. A good start is half the work	
11. Is glas iad na cnoic i bhfad uainn	K. Time is a good storyteller	
12. Is binn béal ina thost	L. Praise the youth and they will succeed	
13. Is fearr an tsláinte ná na táinte	M. Hunger is the best sauce	
14. Is maith an scéalaí an aimsir	N. Better to be happy than rich	
15. I ndiaidh a chéile a thógtar na caisleáin	O. A country without a language is a country without a soul	

(c) Taighde Idirlín

1. An bhfuil aon seanfhocal eile ar eolas agat?

2. Ag obair i mbeirteanna, déan taighde ar an idirlíon agus aimsigh 10 seanfhocal eile.

	An Seanfhocal	Míniú as Béarla
1.		
2.		
3.		
4.		
5.		
6.		
7.		
8.		
9.		
10.		

6.5 Comórtas Póstaeir: Seanfhocal

Roghnaigh an seanfhocal is fearr leat agus cruthaigh póstaer anseo a bheadh oiriúnach chun an seanfhocal a mhíniú.

6.6 Comhrá: An Ghaeltacht

- Tá na trí ghrearrscannán *Yu Ming is Ainm Dom*, *Clare sa Spéir* agus *Filleann an Feall* go léir lonnaithe sa Ghaeltacht. Tá na ceantair Ghaeltachta éagsúla le feiceáil sa léarscáil seo:

- Tá trí phríomhchanúint in úsáid sa tír:
  - Canúint Uladh.
  - Canúint Chonnacht.
  - Canúint na Mumhan.

- Sna ceantair Ghaeltachta, déanann na daoine áitiúla teagmháil lena chéile sa Ghaeilge go príomha. Is é sin an fáth a bhfreastalaíonn na mílte dalta meánscoile ar an 'nGaeltacht' gach samhradh.

- Téann daltaí ann chun a gcuid Gaeilge a chleachtadh agus a fheabhsú. Tá sé i bhfad níos éifeachtaí teanga a fhoghlaim nuair atá tú timpeallaithe ag an teanga sin.

(a) Comhrá: An Ghaeltacht

Déan plé ar na ceisteanna seo leis an duine atá in aice leat agus do rang.

1. An raibh tú i gceantar Gaeltachta riamh? Déan cur síos ar an áit agus ar an eispéireas sin.

2. Ar fhreastail tú ar aon chúrsa Gaeltachta riamh? Déan cur síos ar an áit agus ar an eispéireas sin.

3. Ar mhaith leat freastal ar chúrsa sa Ghaeltacht? Cén fáth?

4. An gceapann tú go bhfuil na ceantair Ghaeltachta tábhachtach sa tír? Cén fáth?

5. Cad iad na deacrachtaí is mó atá ag na ceantair Ghaeltachta i do thuairim féin?

Focail Nua:

(b) Taighde Idirlín: An Ghaeltacht

- Tá go leor Coláistí Samhraidh éagsúla suite timpeall na tíre – agus cúpla ceann acu taobh amuigh de na ceantair Ghaeltachta.
- Déan taighde ar an idirlíon agus aimsigh roinnt eolais faoi dheich gcoláiste difriúil.
- Líon an tábla seo thíos leis an eolas a aimsíonn tú.
- Aimsigh ceann amháin ar a laghad sna contaetha atá luaite, agus dhá cheann eile.
- Tá an dá nasc seo úsáideach chun cuardach a dhéanamh ar chúrsaí difriúla: **www.concos.ie** agus **https://www.peig.ie/en/og-aosta/12-18-years/gaeltacht-summer-courses**

Ainm an Choláiste	Contae ina Bhfuil Sé	Costas le Freastal Air	Imeachtaí a Tharlaíonn Ann
1.	Maigh Eo		
2.	Gaillimh		
3.	Corcaigh		
4.	Ciarraí		
5.	Port Láirge		
6.	Dún na nGall		
7.	Baile Átha Cliath		
8.	An Mhí		
9.			
10.			

Roghnaigh an cúrsa Gaeltachta is fearr leat ó do liosta taighde agus freagair na ceisteanna seo.

Ainm an Choláiste	Dátaí an Chúrsa	Sonraí Teagmhála

Ba mhaith liom freastal ar an gcúrsa seo mar ... (trí chúis)

1. _____
2. _____
3. _____

6.7 Léamhthuiscint: Le Déanamh i Dubai

Sahara Safari

Ar chostas €40 an duine, is féidir tráthnóna den chéad scoth a chaitheamh amuigh i bh**fásach** an tSahára. Bailítear tú ag do chuid lóistín timpeall 3i.n. agus ansin tá tiomáint 45 nóiméad i gceist go dtí go sroicheann tú an chéad stop – áit ar féidir cuadrothar a fháil ar cíos chun tiomáint timpeall go leor **dumhcha**.

Tar éis tamaill, téann tú ar aghaidh sa charr arís, ach an uair seo, tógann an tiománaí sibh tríd an bhfásach é féin. Is turas an-sultmhar é mar níl aon bhóthar ann agus bíonn sibh ag tiomáint thar na dumhcha ar luas an-tapa. Stopann sibh i lár an fhásaigh ansin agus bíonn deis agaibh sleamhnú síos na cnoic gainimh ar bhord.

Ina dhiaidh sin, téann sibh go dtí campa an chomhlachta agus is féidir dul ar dhroim camaill chun féachaint ar luí na gréine. Ansin faigheann gach duine dinnéar agus milseog amuigh faoin aer agus cuirtear siamsaíocht ar fáil chomh maith (rinceoirí áitiúla) sula bhfilleann sibh ar chathair Dubai.

Dubai Mall agus Burj Khalifa

Is é seo an t-ionad siopadóireachta is mó ar domhan. Tá achar 13 milliún **troigh chearnacha** ag an ionad; sin níos mó ná caoga páirc peile! Tá os cionn 1200 siopa san ionad, agus is féidir gach saghas earra a cheannach ann! Tá **eas** mór le feiceáil ar thaobh amháin den ionad agus **uisceadán** mór suite i lár an ionaid – áit ar féidir leat na céadta saghas iasc a fheiceáil ag snámh timpeall agus tú i mbun do chuid siopadóireachta!

Tá an foirgneamh is airde ar domhan, an Burj Khalifa, suite taobh amuigh den ionad. Is féidir dul ar turas go barr an fhoirgnimh chun radhairc a fháil den chathair ar fad.

Chomh maith leis sin, cuirtear Taispeántas Uisce ar fáil taobh amuigh den ionad gach oíche. Bíonn sé ar siúl gach leathuair ó 7i.n.–11i.n. agus is cosúil go mbíonn an t-uisce ag rince leis an gceol agus soilse!

Mall of the Emirates

Is ionad siopadóireachta mór eile é seo. Tá gach saghas siopa ann, ach an rud a sheasann amach faoin ionad seo ná go bhfuil ionad sciála tógtha taobh istigh de! Is féidir dul ag **sciáil** nó ag **clárscíáil** ann – fiú má bhíonn an teocht 40°C taobh amuigh den ionad. Tá sé an-spéisiúil féachaint ar na daoine i mbun sciála fiú muna bhfuil fonn ort féin triail a bhaint as!

Muiríne Dubai agus Trá Jumeirah

Is féidir an Muiríne Dubai a fheiceáil ón *Marina Walk*. Bíonn go leor bád agus **luamh** galánta le feiceáil ann, agus bíonn turais báid ar fáil ón muiríne freisin má theastaíonn uait cathair Dubai a fheiceáil ón bhfarraige.

Tá ceantar Jumeirah suite in aice leis an **muiríne** agus tá rogha mhór bialann ar fáil anseo cois trá. Is beár agus bialann é an club trá *Barasti*, atá lonnaithe ar an trá dar ndóigh, agus is féidir na leapacha gréine agus linn snámha a úsáid gan chostas.

Souk Madinat Jumeirah

Margadh áitiúil a bhíonn i gceist le 'Souk'. Díoltar go leor seodra, éadaí áitiúla agus earraí traidisiúnta anseo. Tá roinnt bialann ann freisin a bhfuil radharc an-mhaith acu ar an óstán cáiliúil 'Burj al Arab'. Tá bialann anseo darbh ainm *Pai Thai*, agus caithfidh tú bád beag a fháil chun an bhialann a shroicheadh!

(a) Gluais: cad is brí leis na focail seo?

Fásach _____	Sciáil _____
Dumhcha _____	Clársciáil _____
Troigh chearnach _____	Luamh _____
Eas _____	Muiríne _____
Uisceadán _____	

Focail nua eile a d'fhoghlaim tú:

_____

(b) Fíor nó Bréagach?

Léigh an léamhthuiscint thuas agus abair má tá na ráitis seo fíor nó bréagach.
Má tá siad bréagach, ceartaigh na ráitis.

Ráiteas	Fíor ✔	Bréagach ✗
1. Tá costas daichead is a cúig euro ar an safari.		
2. Is féidir dul ar chuadrothar, bord agus camaill san fhásach.		
3. Is é *Mall of the Emirates* an t-ionad siopadóireachta is mó ar domhan.		
4. Tá breis is míle dhá chéad siopa sa *Dubai Mall*.		
5. Tá eas, uisceadán, ionad sciála agus seó uisce ar fáil sa *Dubai Mall*.		
6. Tá costas iontrála €10 ar an gclub trá *Barasti*.		
7. Is áit í Souk Madinat Jumeirah inar féidir leat earraí faoi leith ó Dubai a cheannach.		

(c) Cleachtadh Scríbhneoireachta: Abairtí

Roghnaigh cúig fhocal ón ngluais thuas agus cuir in abairtí nua iad.
Sampla: Chonaic mé go leor toirtísí agus rónta san **uisceadán** inné.

1. _____

_____

2. _____

_____

3. _____

_____

4. _____

_____

5. _____

_____

6.8   Léamhthuiscint: Oileán Indinéiseach

Is oileán beag é Gili Trawangan ('Gili T' mar a ghlaonn muintir na háite air) atá suite gar do Bali, san Indinéis. Is féidir an t-oileán a shroicint trí bhád dhá uair an chloig a fháil ó oileán Bali.

Rothaíocht Timpeall an Oileáin

An modh taistil atá ar an oileán ná rothair agus capaill le cairt; níl aon ghluaisteáin le fáil ann. Tá bóthar garbh ann a théann timpeall an oileáin, agus is féidir rothair a fháil ar cíos chun dul ina thimpeall. Turas 7km atá i gceist agus bíonn tú ag rothaíocht cois farraige don turas ar fad. Tá go leor bialann agus caiféanna ar na tránna difriúla agus d'fhéadfá an lá a chaitheamh ag rothaíocht ó áit go háit.

Luí na Gréine

Tá clú agus cáil ar an taobh thiar de Gili T toisc go mbíonn **luí na gréine** álainn le feiceáil ann gach oíche. Tá go leor bialann ar an trá le **luascáin** acu san fharraige agus is féidir leat dul ag marcaíocht capaill ar an trá ann freisin. Mar gheall ar na rudaí sin, téann an-chuid daoine ann gach oíche chun grianghraif agus **féinphiceanna** a fháil dóibh féin agus an ghrian ag dul faoi taobh thiar dóibh.

Eachtraí Uisce agus Ióga

Tá go leor turas báid ar fáil ón oileán a théann go háiteanna difriúla chun **tumadóireacht** a dhéanamh. Anuas ar sin is féidir boird SUP agus surfála a fháil amach ar cíos ar an oileán, nó masc snorclála a fháil chun dul ag lorg éisc éagsúla san fharraige.

Bíonn **an-tóir ar** ióga ar Gili T freisin agus bíonn go leor ranganna ar fáil gach lá timpeall an oileáin bhig. Is féidir ranganna áirithe a dhéanamh ar an trá, ar luascáin nó fiú ar bhord SUP ar an bhfarraige!

Cúrsa Cócaireachta

Tá scoil cócaireachta iontach suite ar Gili T darbh ainm 'Sweet & Spicy'. Caithfidh tú an rang a chur in áirithe lá roimh ré agus bíonn spás le haghaidh deichniúir sa rang. **Maireann** sé trí uair an chloig agus le cabhair agus treoracha ón g**cócaire**, déanann tú seacht mbéile Indinéiseacha éagsúla. Bíonn an-spraoi i gceist leis agus itheann tú gach béile nuair a bhíonn sé críochnaithe agat! Nuair a bhíonn an rang thart, tugtar na h**oidis** ar fad duit ionas gur féidir leat iad a dhéanamh agus tú ar ais sa bhaile! Costas: €30.

(a) Gluais: cad is brí leis na focail seo?

Luí na gréine _____	An-tóir ar _____
Luascáin _____	Maireann _____
Féinphiceanna _____	Cócaire _____
Tumadóireacht _____	Oidis _____

Focail nua eile a d'fhoghlaim tú:

_____

(b) Freagair na ceisteanna seo.

1. Ainmnigh trí spórt éagsúla is féidir a dhéanamh ar Oileán Gili T.

   _____

2. Conas is féidir féachaint ar luí na gréine? (2 phointe)

   _____

   _____

3. Ainmnigh trí mhodh taistil atá ar fáil ar an oileán.

   _____

4. Cé chomh fada is a bhíonn rang cócaireachta?

   _____

5. Cad a dhéantar sa rang cócaireachta? (I d'fhocail féin.)

   _____

   _____

(c) Cúinne na Gramadaí

Aimsigh na píosaí gramadaí seo sa léamhthuiscint thuas.

Aimsigh ...	Freagraí
Dhá Briathar Neamhrialta san Aimsir Láithreach (Alt 1)	1. 2.
Dhá Ainmfhocal san Iolra (Alt 2)	1. 2.
Dhá Aidiachtaí (Alt 3)	1. 2.
Uimhir Phearsanta (Alt 4)	
Bunuimhir (Alt 4)	

6.9 Bia Blasta: Oideas

Seo oideas le haghaidh béile traidisiúnta Indinéiseach darbh ainm 'Nasi Goreng'. D'fhéadfá triail a bhaint as é a dhéanamh sa bhaile!

Ainm an Bhéile: Nasi Goreng

Comhábhair

- 2 spúnóg ola
- 2 spúnóg anlann soighe
- 175g rís chócaráilte
- 1 oinniún gearrtha
- 2 chlóbh gairleoige (gearrtha i bpíosaí beaga)
- 1 cairéad gearrtha
- 1 cupán piseanna reoite
- ½ cabáiste (gearrtha)
- 1 filléad sicín (gearrtha i bpíosaí)

Modh Cócarálta

1. Cuir an ola ar an bhfriochtán agus cuir an sicín leis le haghaidh 10–12 nóiméad. Cas an sicín cúpla uair chun cinnte a dhéanamh go bhfuil sé cócaráilte.

2. Ansin cuir an t-oinniún leis le haghaidh 3–4 nóiméad agus cuir na píosaí gairleoige leis freisin ar feadh nóiméid eile.

3. Caith isteach an cairéad, cabáiste agus na piseanna agus déan friochadh orthu le haghaidh 3 nóiméad.

4. Cuir an rís chócaráilte san fhriochtán chun í a théamh suas agus í a mheasctha le na comhábhair eile.

5. Múch an teas agus measc na spúnóga anlann soighe tríd an mbia ar fad. Nuair atá sin déanta, roinn an béile ar dhá phláta agus bain sult as!

An Béile is Fearr Liom

1. Cad é an béile is fearr leatsa? Déan plé ar an gceist seo le daltaí eile sa rang.

2. Anois scríobh amach na comhábhair don bhéile anseo, chomh maith le treoracha don oideas. Is féidir pictiúr a tharraingt den bhéile freisin, nó ceann a ghreamú ann.

3. Ansin is féidir leat d'oideas a mhalartú le daltaí eile sa rang agus triail a bhaint as oidis éagsúla. (D'fhéadfadh an rang leabhar cócaireachta a chur le chéile!)

Ainm an Bhéile: _____

Comhábhair

Pictiúr den Bhéile

Modh Cócarálta

6.10 Léamhthuiscint: Sydney ar Scáileán

Tá clú agus cáil ar chathair Sydney san Astráil mar gheall ar a hinfreastruchtúr, tránna agus an tslí beatha réchúiseach atá ann. Ceapann an-chuid daoine gurb í príomhchathair na hAstráile í, ach is é Canberra an phríomhchathair!

Dar ndóigh, tá suíomhanna mór le rá ann ar nós an Áras Ceoldrámaíochta Sydney (*Opera House*), Droichead Chuan Sydney agus **Cuan** Darling. Tá dhá thrá áirithe ann áfach, a d'aithneodh an-chuid daoine, toisc go mbímid ag féachaint orthu go minic ar ár scáileáin!

Trá Palm Beach

B'fhéidir go n-aithneofá *Palm Beach* toisc gurb é an áit a ndéantar taifead ar an **sobaldráma** mór le rá, *Home and Away*. Trá 'Summer Bay' a bhíonn i gceist sa chlár!

Má leanann tú an clár teilifíse, ba cheart duit cuairt a thabhairt ar an áit seo, suite uair an chloig ón gcathair. Tá go leor gnéithe ón gclár le feiceáil ann; an trá fhada álainn, an 'diner', siopa éisc Alf agus an club surfála. Deirtear go ndéantar taifead ar an gclár ann ón Luan go Céadaoin, agus is minic a fheictear na haisteoirí i mbun radharc a thaifead! Ach fiú munar féidir leat dul ann na laethanta sin, is féidir dul ann chun cúpla grianghraf a ghlacadh agus an seit taobh thiar díot!

Gan trácht ar *Home and Away* is áit fíordheas í ar aon nós le dul ag snámh, ag surfáil nó ag siúl inti. Tá bialanna deasa ann freisin inar féidir lón nó dinnéar a fháil iontu agus radhairc áille uathu.

Trá Bondi

Is é Bondi an trá is mó atá i Sydney agus tagann na mílte anseo gach lá. Is anseo a dhéantar taifead ar an gclár faisnéise, *Bondi Rescue*. Leanann an clár seo gnáthsheachtainí oibre a bhíonn ag na **gardaí tarrthála** ann, agus na himeachtaí dochreidte a tharlaíonn ann. Tá 13 sraith den chlár déanta go dtí seo agus tá thart ar 13 eipeasóid i ngach ceann acu. Is minic a bhaineann an clár le turasóirí ag dul ag snámh cé gur dúradh leo gan sin a dhéanamh. Ansin, bíonn ar an bhfoireann dul amach san fharraige chun iad a shábháil, ach ní bhíonn sé éasca é sin a dhéanamh, agus bíonn an clár lán le haicsean agus dráma – cé go mbíonn fíorscéalta i gceist. Tá go leor daoine cáiliúla tar éis a bheith ar an gclár mar aíonna speisialta chomh maith, leithéidí Zac Efron, Hugh Grant agus Russell Crowe.

Is áit álainn í Trá Bondi ar aon nós, áfach, gan trácht ar an gclár. Muna mbíonn an fharraige rógharbh, is áit iontach í le dul ag snámh nó ag surfáil. Is trá ghnóthach í i gcónaí agus bíonn an-chuid daoine ina luí faoin ngrian nó ag imirt cluichí sacair nó eitpheile ann chomh maith. Tá **siúlóid chósta** ar féidir a dhéanamh go Trá Bondi ó thrá eile darbh ainm Coogee. Is siúlóid dheas í a mhaireann dhá uair an chloig. Téann tú thar chúpla trá eile ar an mbealach agus thar aillte beaga freisin le radhairc dhochreidte uathu.

(a) Gluais: cad is brí leis na focail seo?

Cuan _____	Gardaí tarrthála _____
Sobaldráma _____	Siúlóid chósta _____

Focail nua eile a d'fhoghlaim tú:

_____

(b) Anois freagair na ceisteanna seo.

1. Ainmnigh príomhchathair na hAstráile.

   _____

2. Cén fáth a bhfuil cáil ar an dá thrá atá luaite?

   _____

3. Cén saghas cláir é *Home and Away*?

   _____

4. Cén saghas rudaí atá le feiceáil ann ó sheit *Home and Away*?

   _____

5. Déan cur síos ar an gclár *Bondi Rescue*.

   _____

6. Cé mhéad eipeasóid atá ann den chlár san iomlán?

   _____

7. Cén fáth a luaitear daoine cáiliúla?

   _____

8. Aimsigh:
   Dhá shampla den Bhriathar Saor:

   (i) _____   (ii) _____

   Sampla den Mhodh Coinníollach:

   _____

9. Dá mbeadh ort dul chuig trá ar bith ar domhan, cén trá a roghnófá agus cén fáth?

   _____

   _____

   _____

   _____

(c) Comhrá: An Teilifís

Déan plé ar na ceisteanna seo leis an duine atá in aice leat.

1. Cad é an seánra clár teilifíse is fearr leat? (Aicsean/grinn/dráma, srl.)

2. Cad é an clár teilifíse is fearr leat? Déan cur síos air.

3. An bhféachann tú ar chláir go minic?

4. Cad a úsáideann tú chun féachaint orthu? (Teilifís/taibléad, srl.)

5. An gceapann tú go bhfuil sé fiúntach féachaint ar chláir?

6. Cad é an clár Éireannach is fearr, i do thuairim?

7. An gceapann tú go gcaitheann daoine an iomarca ama ag féachaint ar scáileáin?

8. Dá mbeadh ort dhá chlár/shraith a mholadh do dhuine a bhí ag iarraidh féachaint ar shraith nua, cad a mholfá?

An Clár is Fearr Liom

Smaoinigh ar an gclár is fearr leat agus líon an ghreille seo thíos.

Ainm an chláir	
Saghas seánra	
Dhá aidiacht chun cur síos a dhéanamh air	
Déan cur síos ar an gclár (achoimre ar an bplota)	
Ainmneacha na bpríomhcharachtar	
Déan cur síos ar an gcarachtar is fearr leat	

 ## Taighde Idirlín

Déan taighde ar an idirlíon agus aimsigh an t-eolas seo faoin gclár teilifíse is fearr leat.

Cá bhfuil an stiúideo/suíomh taifeadta lonnaithe?	
Cé mhéad eipeasóid atá ann?	
Cén costas atá ann chun eipeasóid amháin a thaifead?	
Cén dáta ar chraoladh an chéad eipeasóid?	
Cad is ainm don stiúrthóir agus do scríbhneoir an chláir?	
An féidir leis an lucht leanúna dul ar thuras ann? Cad is féidir leo a dhéanamh/a fheiceáil ann?	

6.11 Tionscnamh: Tír Nua

1. Tá go leor tíortha luaite sa leabhar seo, ach tá an-chuid eile ann nach ndearnadh aon trácht air. Roghnaigh tír éigin nár luadh sa leabhar (ná ceann ina raibh tú cheana féin), agus déan tionscnamh suimiúil ar an tír sin.

2. Is féidir póstaer/PowerPoint/Prezi/físeán a chruthú agus ansin déan cur i láthair os comhair an ranga chun an t-eolas a roinnt leis na daltaí eile.

Bíodh an t-eolas seo luaite agat sa tionscnamh:

- Daonra
- Teanga
- Airgeadra
- Brat Náisiúnta
- Reiligiúin sa Tír
- Uachtarán/Rí na Tíre
- Tionscail (*Industries*)
- Bia Náisiúnta

- Ainmhí Náisiúnta
- Nósanna Traidisiúnta
- Spórt/Caithimh Aimsire is Coitianta
- Fíricí Faoin gCóras Oideachais
- Daoine Cáiliúla ón Tír
- Suíomhanna Turasóireachta is Mó
- An Aimsir
- Fíricí Fánacha (trí ar a laghad)

Tá spás anseo le haghaidh obair gharbh don taighde a dhéanann tú! Go n-éirí leat leis an gcur i láthair!

Obair Gharbh

Ábhar Breise

Ábhar Clúdaithe

(lgh 162–186)

- An Ghaeilge sna Meáin Shóisialta
- Ceachtanna Teicneolaíochta
- Tuairiscí Bhreise
- *Teimpléid:* Litir, Cárta Poist
- Liosta de Bhriathra Coitianta
- Rialacha na nAimsirí
- Amhrán na bhFiann
- Comórtas na Gaeilge

7.1   An Ghaeilge sna Meáin Shóisialta

An Ghaeilge ar Instagram

Frásaí agus Gramadach	@gaeilge_vibes
	@gripswitgaeilge
Na Meáin Chumarsáide	@tg4tv
	@raidiorira
Nuacht agus Imeachtaí	@peig_ie
	@bloc_tg4
Faisean	@gaeilgeleglam
Eagraíochtaí	@cnagaeilge
	@snagaeilge
Taisteal	@gaeltrip
Caithimh Aimsire	@seolinnstagram
	@yoga_as_gaeilge

Suíomhanna Úsáideacha do Litriú, Foclóir agus Gramadach

Téarma: www.tearma.ie
Pota Focal: www.potafocal.com
Teanglann: www.teanglann.ie
Foclóir: www.focloir.ie
An Foclóir Beag: www.teanglann.ie/en/fb

7.2   Ceachtanna Teicneolaíochta

Ceacht 1: An Ghaeilge ar an Idirlíon

Aimsigh sampla de na rudaí seo as Gaeilge ar an idirlíon.

Scéal Nuachta

Ainm an tSuímh _____   Teideal an Phíosa _____

Céard atá sé faoi?

_____

_____

_____

_____

Ócáid Ghaeilge

Ainm an tSuímh _____ **Teideal na hÓcáide** _____

Sonraí

_____

_____

_____

_____

_____

_____

Cluiche/Aip Ghaeilge

Ainm an tSuímh/Aip _____

Rialacha an Chluiche/na hAip

_____

_____

_____

_____

_____

Blag Gaeilge

Ainm an Bhlag _____ **Téama an Bhlag** _____

Eolas ar Fáil

_____

_____

_____

_____

_____

Ceacht 2: Sraith Pictiúr

Obair Aonair

Tá tú chun sraith pictiúr a dhearadh ag úsáid grianghraif ón idirlíon.

- Oscail doiciméid nua ar do ríomhaire/taibléad.
- Roghnaigh téama leis an rang ar fad nó d'fhéadfá ceann de na téamaí seo a úsáid:
  - Timpiste
  - Laethanta Saoire
  - Míthuiscint
  - Caillte
  - Lá Spórt
  - Ceolchoirm

- Smaoinigh ar scéal a d'fhéadfá cur in iúl i bhfoirm sraith pictiúir.
- Aimsigh 6–8 grianghraf ar líne le húsáid i do shraith.
- Cuir an tsraith le chéile.
- Scríobh amach scéal na sraithe; 4–5 abairt do gach pictiúr beag.

Obair Ghrúpa

- Nuair atá gach duine críochnaithe lena s(h)raith, déan malartú leis an duine atá in aice leat.
- Is féidir do shraith a phriontáil amach nó é a thaispeáint ar an scáileán.
- Féach ar shraith do chara agus déan cur síos ar an méid a cheapann tú atá ar siúl ann.
- Is féidir ceisteanna a chur ar do chara ansin chun tuiscint níos fearr a fháil ar an tsraith.
- Ansin taispeáin do shraith do dhuine eile agus éist leo ag déanamh cur síos ar.

Plean don Sraith Pictiúr

Sraith Pictiúr Shamplach

An féidir leat cur síos gairid a dhéanamh ar an sraith pictiúr seo?

Ceacht 3: Instagram as Gaeilge

Cuntas GaelTrip

Seo sampla amháin de chuntas Instagram a úsáideann an Ghaeilge. Tá sé bunaithe ar an taisteal agus cuireann na riarthóirí grianghraif rialta ann de bhailte éagsúla timpeall an domhain. Bíonn cur síos gairid ar fáil as Gaeilge chun dul le gach pictiúr.

Dúshlán

Aimsigh trí chuntas Instagram Gaeilge eile agus mínigh an t-ábhar atá i gceist leo.

Ainm an Chuntais	Cén t-Ábhar Atá i gCeist?
Cuntas 1:	
Cuntas 2:	
Cuntas 3:	

7.3 Tuairisc Thaithí Oibre

Scríobh tú tuairisc thaithí oibre in Aonad 4. Anois scríobh tuairisc faoin taithí oibre eile a rinne tú i mbliana.

Tuairisc Thaithí Oibre 2
Ainm:
Dátaí:
Áit:
Uaireanta Oibre:
Am Lóin:
Bainisteoir:
Éide:
Dualgais
Scileanna Nua a d'Fhoghlaim Mé
Trí Tréithe a Bhí ag Teastáil don Phost
An Rud is Fearr Liom Faoin bPost
Rud Nár Thaitin Liom Faoin bPost

7.4   Tuairisc Thurais

Scríobh tú Tuairisc Thurais in Aonad 5. Anois scríobh faoi turas/eachtra eile a rinne tú i mbliana mar chuid den idirbhliain.

Tuairisc Thurais 2

An Saghas Turais: _____

Áit an Turais: _____

Dáta(í): _____

Le: _____

7.5 Cárta Poist

Cárta Poist 1

Tá tú ag déanamh cúrsa Gaeltachta ar feadh coicíse. Scríobh cárta poist chuig do chara sa bhaile ag insint dó/di faoi na rudaí a dhéanann tú ann gach lá agus na cairde nua atá déanta agat ann.

CÁRTA POIST

Cárta Poist 2

Tá tú ar do chuid laethanta saoire le do rang Idirbhliana. Scríobh cárta poist chuig do thuismitheoirí ag insint dóibh faoin aimsir agus faoin áit ina bhfuil sibh ag fanacht.

CÁRTA POIST

7.6 Litir

Litir 1

Chríochnaigh tú taithí oibre an tseachtain seo caite agus ba mhaith leat buíochas a ghabháil leis an bhfostóir. Scríobh litir chuige/chuici ag insint dó/di faoinar fhoghlaim tú nuair a bhí tú ann agus an fáth ar thaitin an post leat le haghaidh na seachtaine.

Litir 2

Tá cara pinn agat ó thír eile. Scríobh litir chuige/chuici ag déanamh cur síos ar an eachtra is fearr a rinne tú san Idirbhliain go dtí seo, agus ar na rudaí a thaitníonn *agus* nach dtaitníonn leat faoi mbliain.

7.7 Liosta de Bhriathra Coitianta

Scríobh an leagan Béarla de na briathra seo in aice leo.

*Abair	Ceannaigh	Glan	Póg
*Beir	Ceap	Greamaigh	Pós
*Bí	Ceistigh	Iarr	Rith
*Clois	Cic	Imigh	Roghnaigh
*Feic	Cíor	Imir	Samhlaigh
*Déan	Codail	Íoc	Scread
*Ith	Coimeád	Labhair	Scríobh
*Faigh	Comhair	Lean	Scrúdaigh
*Tabhair	Cónaigh	Léigh	Scuab
*Tar	Creid	Líon	Seas
*Téigh	Críochnaigh	Liostaigh	Seinn
Aimsigh	Crith	Luaigh	Síl
Ainmnigh	Cuardaigh	Luigh	Siúl
Aontaigh	Cuir	Maraigh	Smaoinigh
Athraigh	Dreap	Maslaigh	Socraigh
Bain	Dúisigh	Meas	Sroich
Braith	Dún	Mínigh	Stad
Breac	Éirigh	Mol	Suigh
Bris	Éist	Múin	Tarraing
Brostaigh	Fág	Nigh	Tit
Buaigh	Fan	Oibrigh	Tiomáin
Buail	Fás	Ól	Tóg
Cabhraigh	Fill	Ordaigh	Tosaigh
Caill	Fógair	Oscail	Troid
Caith	Foghlaim	Péint	Tuig
Can	Freastal	Pioc	Tuill
Cas	Glac	Pléasc	Ullmhaigh

* Briathra Neamhrialta

Taiscéal

7.8 Rialacha na nAimsirí

Briathra le Deirí Difriúla

(eisceachtaí ó na gnáthrialacha)

Briathar	An Aimsir Láithreach	An Aimsir Fháistineach	An Modh Coinníollach
Buaigh	Buaim Buann An mbuann? Ní bhuann	Buafaidh mé Buafaimid An mbuafaidh? Ní bhuafaidh	Bhuafainn/fá/faimis Bhuafadh An mbuafadh? Ní bhuafadh
Glaoigh	Glaoim Glaonn An nglaoann? Ní ghlaonn	Glaofaidh mé/tú ... Glaofaimid An nglaofaidh? Ní ghlaofaidh	Ghlaofainn/fá/faimis Ghlaofadh An nglaofadh? Ní ghlaofadh
Nigh	Ním Níonn An níonn? Ní níonn	Nífidh mé/tú ... Nífimid An nífidh? Ní nífidh	Nífinn/feá/fimis Nífeadh An nífeadh? Ní nífeadh
Suigh	Suím Suíonn An suíonn? Ní shuíonn	Suífidh mé/tú ... Suífimid An suífidh? Ní shuífidh	Shuífinn/feá/fimis Shuífeadh An suífeadh? Ní shuífeadh
Léigh	Léim Léann An léann? Ní léann	Léifidh mé/tú ... Léifimid An léifidh? Ní léifidh	Léifinn/feá/fimis Léifeadh An léifeadh? Ní léifeadh
Pléigh	Pléim Pléann An bpléann? Ní phléann	Pléifidh mé Pléifimid An bpléifidh? Ní phléifidh	Phléifinn/feá/fimis Phléifeadh An bpléifeadh? Ní phléifeadh
Siúil	Siúlaim Siúlann An siúlann? Ní shiúlann	Siúlfaidh mé Siúlfaimid An siúlfaidh? Ní shiúlfaidh	Shiúlfainn/fá/faimis Shiúlfadh An siúlfadh? Ní shiúlfadh
Sábháil	Sábhálaim Sábhálann An sábhálann? Ní shábhálann	Sábhálfaidh mé Sábhálfaimid An sábhálfaidh? Ní shábhálfaidh	Shábhálfainn/fá/faimis Shábhálfadh An sábhálfadh? Ní shábhálfadh
Taispeáin	Taispeánaim Taispeánann An dtaispeánann? Ní thaispeánann	Taispeánfaidh mé Taispeánfaimid An dtaispeánfaidh? Ní thaispeánfaidh	Thaispeánfainn/fá/faimis Thaispeánfadh An dtaispeánfadh? Ní thaispeánfadh

Rialacha na nAimsirí

An Aimsir Chaite

An Chéad Réimniú

Briathar	Athrú	Dearfach	Diúltach	Ceisteach?
Leathan	+ séimhiú (consan) D' (guta) D' + séimhiú (f)		Níor + séimhiú (consan) Níor X (guta) Níor + séimhiú (f)	Ar + séimhiú (consan) Ar X (guta) Ar + séimhiú (f)
Dún Ól Fág		Dhún D'ól D'fhág	Níor dhún Níor ól Níor fhág	Ar dhún? Ar ól? Ar fhág?
Caol	+ séimhiú (consan) D' (guta) D' + séimhiú (f)		Níor + séimhiú (consan) Níor X (guta) Níor + séimhiú (f)	Ar + séimhiú (consan) Ar X (guta) Ar + séimhiú (f)
Bris Éist Fill		Bhris D'éist D'fhill	Níor bhris Níor éist Níor fhill	Ar bhris? Ar éist? Ar fhill?

An Dara Réimniú

Briathar	Athrú	Dearfach	Diúltach	Ceisteach?
Leathan	+ séimhiú (consan) D' (guta) D' + séimhiú (f)		Níor + séimhiú (consan) Níor X (guta) Níor + séimhiú (f)	Ar + séimhiú (consan) Ar X (guta) Ar + séimhiú (f)
Cabhraigh Ullmhaigh Fiosraigh		Chabhraigh D'ullmhaigh D'fhiosraigh	Níor chabhraigh Níor ullmhaigh Níor fhiosraigh	Ar chabhraigh? Ar ullmhaigh? Ar fhiosraigh?
Caol	+ séimhiú (consan) D' (guta) D' + séimhiú (f)		Níor + séimhiú (consan) Níor X (guta) Níor + séimhiú (f)	Ar + séimhiú (consan) Ar X (guta) Ar + séimhiú (f)
Bailigh Imigh Ceistigh		Bhailigh D'imigh Cheistigh	Níor bhailigh Níor imigh Níor cheistigh	Ar bhailigh? Ar imigh? Ar cheistigh?

Briathra Neamhrialta san Aimsir Chaite

Briathar	Dearfach	Diúltach	Ceisteach?
1. Beir	Rug	Níor rug	Ar rug?
2. Clois	Chuala	Níor chuala	Ar chuala?
3. Tar	Tháinig	Níor tháinig	Ar tháinig?
4. Tabhair	Thug	Níor thug	Ar thug?
5. Abair	Dúirt	Ní dúirt	An ndúirt?
6. Bí	Bhí	Ní raibh	An raibh?
7. Déan	Rinne	Ní dhearna	An ndearna?
8. Faigh	Fuair	Ní bhfuair	An bhfuair?
9. Feic	Chonaic	Ní fhaca	An bhfaca?
10. Téigh	Chuaigh	Ní dheachaigh	An ndeachaigh?

An Aimsir Láithreach
An Chéad Réimniú

Briathar	Athrú	Dearfach	Diúltach	Ceisteach?
Leathan			Ní + séimhiú	An + urú
Dún	+ ann	Dúnann	Ní dhúnann	An ndúnann?
Fág	+ aim (mé)	Fágann	Ní fhágann	An bhfágann?
Ól	+ aimid (muid)	Ólann	Ní ólann	An ólann?
Caol			Ní + séimhiú	An + urú
Bris	+ eann	Briseann	Ní bhriseann	An mbriseann?
Fill	+ im (mé)	Filleann	Ní fhilleann	An bhfilleann?
Éist	+ imid (muid)	Éisteann	Ní éisteann	An éisteann?

An Dara Réimniú

Briathar	Athrú	Dearfach	Diúltach	Ceisteach?
Leathan			Ní + séimhiú	An + urú
Cabhraigh	- aigh	Cabhraíonn	Ní chabhraíonn	An gcabhraíonn?
Gortaigh	+ aíonn	Gortaíonn	Ní ghortaíonn	An ngortaíonn?
Ceannaigh	+ aím (mé)	Ceannaíonn	Ní cheannaíonn	An gceannaíonn?
	+ aímid (muid)			
Caol			Ní + séimhiú	An + urú
Bailigh	- igh	Bailíonn	Ní bhailíonn	An mbailíonn?
Imigh	+ íonn	Imíonn	Ní imíonn	An imíonn?
Ceistigh	+ ím (mé)	Ceistíonn	Ní cheistíonn	An gceistíonn?
	+ ímid (muid)			

Briathra Neamhrialta san Aimsir Láithreach

Briathar	Dearfach	Diúltach	Ceisteach?
1. Abair	Deir (Deirim)	Ní deir	An ndeir?
2. (a) Bí (tá)	Tá (Táim)	Níl	An bhfuil?
(b) Bí (bíonn)	Bíonn (Bím)	Ní bhíonn	An mbíonn?
3. Tabhair	Tugann (Tugaim)	Ní thugann	An dtugann?
4. Tar	Tagann (Tagaim)	Ní thagann	An dtagann?
5. Téigh	Téann (Téim)	Ní théann	An dtéann?

An Aimsir Fháistineach
An Chéad Réimniú

Briathar	Athrú	Dearfach	Diúltach	Ceisteach?
Leathan			Ní + séimhiú	An + urú
Dún	+ faidh	Dúnfaidh	Ní dhúnfaidh	An ndúnfaidh?
Can	+ faimid (muid)	Canfaidh	Ní chanfaidh	An gcanfaidh?
Ól		Ólfaidh	Ní ólfaidh	An ólfaidh?
Fág		Fágfaidh	Ní fhágfaidh	An bhfágfaidh?
Caol			Ní + séimhiú	An + urú
Bris	+ fidh	Brisfidh	Ní bhrisfidh	An mbrisfidh?
Fill	+ fimid (muid)	Fillfidh	Ní fhillfidh	An bhfillfidh?
Éist		Éistfidh	Ní éistfidh	An éistfidh?
Caith		Caithfidh	Ní chaithfidh	An gcaithfidh?

An Dara Réimniú

Briathar	Athrú	Dearfach	Diúltach	Ceisteach?
Leathan			Ní + séimhiú	An + urú
Ceannaigh	- aigh	Ceannóidh	Ní cheannóidh	An gceannóidh?
Ullmhaigh	+ óidh	Ullmhóidh	Ní ullmhóidh	An ullmhóidh?
Maraigh	+ óimid (muid)	Maróidh	Ní mharóidh	An maróidh?
Gortaigh		Gortóidh	Ní ghortóidh	An ngortóidh?
Caol			Ní + séimhiú	An + urú
Bailigh	- igh	Baileoidh	Ní bhaileoidh	An mbaileoidh?
Imigh	+ eoidh	Imeoidh	Ní imeoidh	An imeoidh?
Ceistigh	+ eoimid (muid)	Ceisteoidh	Ní cheisteoidh	An gceisteoidh?
Dúisigh		Dúiseoidh	Ní dhúiseoidh	An ndúiseoidh?

Briathra Neamhrialta san Aimsir Fháistineach

Briathar		Dearfach	Diúltach	Ceisteach?
1.	Abair	Déarfaidh	Ní déarfaidh	An ndéarfaidh?
2.	Bí	Beidh	Ní bheidh	An mbeidh?
3.	Beir	Béarfaidh	Ní bhéarfaidh	An mbéarfaidh?
4.	Faigh	Gheobhaidh	Ní bhfaighidh	An bhfaighidh?
5.	Ith	Íosfaidh	Ní íosfaidh	An íosfaidh?
6.	Tar	Tiocfaidh	Ní thiocfaidh	An dtiocfaidh?
7.	Tabhair	Tabharfaidh	Ní thabharfaidh	An dtabharfaidh?
8.	Téigh	Rachaidh	Ní rachaidh	An rachaidh?

An Modh Coinníollach
An Chéad Réimniú

Briathar	Athrú	Dearfach	Diúltach	Ceisteach?
Leathan	+ séimhiú (consan) D' (guta) + fainn (mé) + fá (tú) + fadh (eile) + faimís (muid) + faidís (siad)		Ní + séimhiú (consan) Ní (guta)	An + urú (consan) An (guta)
Dún Ól Fág		Dhúnfainn D'ólfá D'fhágfadh sé	Ní dhúnfainn Ní ólfá Ní fhágfadh sé	An ndúnfá? An ólfá? An bhfágfadh sé?
Caol	+ séimhiú (consan) D' (guta) + finn (mé) + feá (tú) + feadh (eile) + fimís (muid) + fidís (siad)		Ní + séimhiú (consan) Ní (guta)	An + urú (consan) An (guta)
Bris Éist Fill		Bhrisfinn D'éistfeá D'fhillfeadh sí	Ní bhrisfinn Ní éistfeá Ní fhillfeadh sí	An mbrisfinn? An éistfeá? An bhfillfeadh sí?

An Dara Réimniú

Briathar	Athrú	Dearfach	Diúltach	Ceisteach?
Leathan	- aigh + séimhiú (consan) D' (guta)		Ní + séimhiú (consan) Ní (guta)	An + urú (consan) An (guta)
Cabhraigh Gortaigh Ullmhaigh	+ óinn (mé) + ófá (tú) + ódh (eile) + óidís (siad) + óimís (muid)	Chabhrófá Ghortódh sí D'ullmhódh sé	Ní chabhrófá Ní ghortódh sí Ní ullmhódh sé	An gcabhrófá? An ngortódh sí? An ullmhódh sé?
Caol	- igh + séimhiú (consan) D' (guta)		Ní + séimhiú (consan) Ní (guta)	An + urú (consan) An (guta)
Bailigh Ceistigh Imigh	+ eoinn (mé) + eofá (tú) + eodh (eile) + eoidís (siad) + eoimís (muid)	Bhaileofá Cheisteodh sí D'imeodh siad	Ní bhaileofá Ní cheisteodh sí Ní imeodh siad	An mbaileofá? An gceisteodh sí? An imeodh siad?

Briathra Neamhrialta sa Mhodh Coinníollach

Briathar	Dearfach	Diúltach	Ceisteach?	Mé	Tú
1. Bí	Bheadh	Ní bheadh	An mbeadh?	Bheinn	Bheifeá
2. Abair	Déarfadh	Ní déarfadh	An ndéarfadh?	Déarfainn	Déarfá
3. Beir	Bhéarfadh	Ní bhéarfadh	An mbéarfadh?	Bhéarfainn	Bhéarfá
4. Ith	D'íosfadh	Ní íosfadh	An íosfadh?	D'íosfainn	D'íosfá
5. Faigh	Gheobhadh	Ní bhfaigheadh	An bhfaigheadh?	Gheobhainn	Gheofá
6. Tar	Thiocfadh	Ní thiocfadh	An dtiocfadh?	Thiocfainn	Thiocfá
7. Tabhair	Thabharfadh	Ní thabharfadh	An dtabharfadh?	Thabharfainn	Thabharfá
8. Téigh	Rachadh	Ní rachadh	An rachadh?	Rachainn	Rachfá

7.9 Amhrán na bhFiann

Amhrán na bhFiann

Sinne Fianna Fáil,

atá faoi gheall ag Éirinn,

Buíon dár slua

thar toinn do ráinig chugainn,

Faoi mhóid bheith saor

Seantír ár sinsear feasta,

Ní fhágfar faoin tíorán ná faoin tráill.

Anocht a théam sa bhearna bhaoil,

Le gean ar Ghaeil, chun báis nó saoil,

Le gunna scréach faoi lámhach na bpiléar,

Seo libh canaig amhrán na bhFiann.

Comórtas na Gaeilge don Idirbhliain!

- Seo liosta tascanna agus dúshlán a bhaineann leis an nGaeilge a úsáid agus a chur chun cinn.
- Tá pointí ar fáil (idir lúibíní!) le haghaidh gach taisc a chríochnaíonn tú.
- Cuir an dáta le tasc nuair a chríochnaíonn tú é agus taispeáin fianaise go ndearna tú an tasc do do mhúinteoir chun a s(h)íniú a fháil.
- Ag deireadh na bliana beidh an bua ag an duine sa rang a bhfuil an líon is airde pointí faighte aige/aici!

Tasc	Dáta	Síniú an Mhúinteora
1. Glac páirt i gcéilí i do scoil (2)		
2. Cuir comharthaí Gaeilge timpeall do scoile (2)		
3. Féach ar scannán Gaeilge (2)		
4. Glac páirt i dTráth na gCeist Gaeilge (2)		
5. Léigh leabhar Gaeilge (4)		
6. Aistrigh an teanga ar d'fhón/cuntais shóisialta go Gaeilge (4)		
7. Lean trí chuntas Gaeilge ar Instagram (4)		
8. Labhair Gaeilge ar chlár raidió (4)		
9. Glac 10 ngrianghraf de chomharthaí Gaeilge atá le feiceáil i do cheantar (4)		
10. Scríobh dán Gaeilge (4)		
11. Cruthaigh físeán díot féin nó de do rang ag canadh amhrán Gaeilge (4)		
12. Glac páirt i gcomórtas oifigiúil a eagraíonn Conradh na Gaeilge (6)		
13. Cláraigh le haghaidh Cúrsa Gaeltachta sa samhradh (6)		
14. Eagraigh ócáid Ghaeilge i do scoil (6)		
15. Cabhraigh le daltaí i mbunscoil áitiúil leis an nGaeilge (léitheoireacht/cluichí srl.) (6)		
16. Tabhair cuireadh do aoi-chainteoir a labhraíonn Gaeilge teacht chuig do rang (8)		
17. Cruthaigh blag nó leathanach Gaeilge don suíomh scoile (8)		
18. Cruthaigh nuachtán nó iris Ghaeilge don scoil (8)		
19. Eagraigh ócáid Ghaeilge don phobal áitiúil (maidin chaife/ siúlóid/ciorcal comhrá) (8)		
20. Cruthaigh físeán do do shuíomh scoile faoi úsáid na Gaeilge i do scoil (8)		
Iomlán Pointí ag Deireadh na Bliana: /100		

Spás do Nótaí